101 Funciones con Excel

101 Funciones con Excel

Axel Daniel Saldívar Zaldivar

Daniel Zaldivar Navarro

Erik Cuevas Jiménez

Marco A. Pérez Cisneros

La ley prohíbe
fotocopiar este libro

101 Funciones con Excel
Thema: UFC Hojas de Cálculo
Bisac: COM054000
© Axel Daniel Saldívar Zaldivar, Daniel Zaldívar Navarro, Erik Cuevas Jiménez, Marco A. Pérez Cisneros
© De la edición: Ra-Ma 2024

Editado por:
RA-MA Editorial
Calle Jarama, 3A, Polígono Industrial Igarsa
28860 PARACUELLOS DE JARAMA, Madrid
Teléfono: 91 658 42 80
Fax: 91 662 81 39
Correo electrónico: info@grupoeditorialrama.com
Internet: www.ra-ma.es y www.ra-ma.com
ISBN impreso: 978-84-10181-10-6
ISBN ePub: 978-84-1018-111-3
Depósito legal: M-2745-2024
Maquetación: Antonio García Tomé
Diseño de portada: Antonio García Tomé
Filmación e impresión: Safekat
Impreso en España en febrero de 2024

ÍNDICE

PRÓLOGO

¡Por favor, lee todo el prólogo para que no tengas problemas ni confusiones en un futuro!

Este libro te enseñará a manejar profesionalmente el programa más famoso de hojas de cálculo, Microsoft Excel, sin importar la versión que tengas, pues este libro está adaptado para que los lectores puedan trabajar desde con un Excel 2003 hasta con la última actualización de Excel 365 o 2019.

¿Qué aprenderemos en este libro? Aprenderemos a hacer magia sobre las hojas de cálculo con las 101 funciones más importantes que toda persona que trabaje con Excel debe saber; las cuales, se encuentran agrupadas en múltiples categorías como lo son, las funciones aritméticas, las lógicas, de tiempo, de búsqueda, etcétera, ¡Y de todas ellas trataremos en este libro! Aprenderemos a realizar cálculos matemáticos y estadísticos, a tomar decisiones en base a criterios lógicos, a manejar texto dentro de las hojas de cálculo, a obtener información relevante dentro de una base de datos o dentro de la computadora en sí, a realizar cálculos con el tiempo, a manejar las fechas y las horas dentro de Excel, así como a buscar, reemplazar, ordenar y filtrar información deseada. Así que, **si aún estas batallando con Excel,** con los cálculos y con las fórmulas **¡Este libro es el indicado para ti!**

Las explicaciones serán bastante sencillas y haremos ejercicios con ejemplos para que todo quede claro como el agua, además trabajarás directamente en las hojas de cálculo para reforzar los temas tratados, con algunas actividades expuestas al final de cada capítulo, con el objetivo de que aprendas desde lo más básico hasta convertirte en todo un experto moviéndote y haciendo fórmulas en esta gran y poderosa herramienta de hojas de cálculo, que es Microsoft Excel.

Al principio de cada capítulo encontraras un diagrama con las funciones con las que vamos a trabajar, esto te facilitará el poder consultarlas en el **diccionario de funciones** (apéndice B) y te sea más fácil trabajar con ellas, pues ahí viene muchísima información importante que debes saber de cada una de las que se verán en el transcurso del libro.

¿PARÁ QUIÉN VA DIRIGIDO ESTE LIBRO?

Este texto va dirigido a cualquier persona que quiera iniciarse en este fascinante mundo de las hojas de cálculo, fórmulas, operaciones, búsquedas, etcétera; o para aquellas personas que ya ha tenido contacto con este mundo y que desean adquirir nuevas habilidades, o ser más agiles en el uso de esta herramienta, o que busquen reforzar y profundizar en sus conocimientos.

¿CÓMO TRABAJAR CON ESTE LIBRO?

Cada capítulo tendrá sus respectivas actividades, en donde podrás practicar el tema expuesto y reforzar tus conocimientos. Las instrucciones para descargar el contenido vienen en el último apartado del libro llamado **Material adicional**.

Una vez obtenido y descomprimido el archivo ZIP encontrarás 11 carpetas, que se corresponden con los 10 capítulos del libro y el apéndice A, en donde encontrarás dos archivos de Excel, uno contiene los ejercicios en blanco para que los realices y el segundo contiene las respuestas a los ejercicios, esto con el objetivo de que corrobores tus respuestas y las verifiques. En los apartados de *Actividades para reforzar lo aprendido* te daré más información, para no confundirte en este momento.

Solamente quiero mencionar que la carpeta del capítulo 1 difiere un poco de la explicación anterior, puesto que, no contiene archivos de Excel, en su lugar, contiene un cuestionario con sus respectivas respuestas (del cual trataremos directamente en el capítulo 1) y un documento que contiene todos los **enlaces** expuestos en este libro, para que puedas acceder a ellos desde tu equipo de una forma más sencilla.

CONTACTO Y REDES SOCIALES

Síguenos en nuestras redes sociales para que estés pendiente de novedades, actualizaciones, algunos trucos y sobre todo para que no te pierdas y aproveches todo el contenido al que puedes tener acceso y que se va subiendo regularmente. También porque **algunos temas complementarios**, se encuentran allí.

Las publicaciones necesarias para estos temas complementarios las podrás encontrar en la **publicación anclada** en la página de Facebook y como **historia destacada** en Instagram.

Búscanos en Facebook, estamos como @TipsExcel2020 y en nuestra página de Instagram, estamos como @tips_excel_2021. Podrás ubicarnos con el siguiente logotipo (podrá variar mínimamente según la temporada del año).

También puedes consultar nuestra página web (en caso de que el enlace llegase a cambiar, podrás checarlo en nuestras redes sociales).

https://sites.google.com/view/tips-excel-2021/inicio

1

INTRODUCCIÓN A LAS FÓRMULAS

Iniciaremos este apartado viendo los conceptos de **fórmula**, **función**, **operador**, **argumentos**, así como sus **diferencias** y el **texto en las fórmulas**.

1. Una **fórmula** siempre se inicia con el signo de igual (=), con esto le indicamos a Excel, que lo que vamos a insertar a continuación no es texto, sino **funciones y/u operadores**.

```
=SUMA(A1,A2)*A3
```

2. Una **función** es un procedimiento que nos ayuda a realizar cálculos de forma automática, como un ayudante, al cual le pasamos algunos datos y el los procesa por nosotros. Una función siempre inicia por su nombre o identificador, seguido de unos paréntesis, en los cuales, le pasamos los datos que deseamos que la función procese (a estos datos se les conoce como **argumentos**).

```
SUMA(A1:A10)
```

3. Todo lo que sea **texto va entre comillas**.

```
CONCATENAR("Microsoft"," ","Excel ",2019)
```

4. Un **operador** es un símbolo que ejecuta una acción, por ejemplo, el operador aritmético más (+) ejecuta la suma de la referencia que se encuentre a su izquierda con la de su derecha.

```
=A1+A2
```

No te preocupes si estos conceptos suenan algo difíciles, pues los vamos a ir desarrollando con mayor precisión en el transcurso del libro, por el momento, solo es importante que te vayas familiarizando con estos términos.

1.1 TIPOS DE ARGUMENTOS EN LAS FUNCIONES

Los argumentos con corchetes [ ] son **opcionales**, es decir, podemos dejarlos en blanco y no pasa nada, pero los que no llevan corchetes son **obligatorios** y si estos no se llenan, la función regresará un error o no podremos aplicarla. Vamos a poner un ejemplo con los argumentos de la función SI.

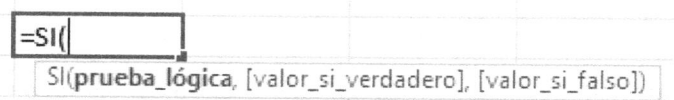

Imagen 1.1 Argumentos de la función SI

Podemos ver que el argumento *prueba_lógica* no lleva corchetes, lo que nos dice que este es obligatorio, pero el *[valor_si_verdadero]* y el *[valor_si_falso]* sí tienen, por lo tanto, estos dos argumentos son opcionales.

Algunas funciones tendrán sus argumentos como los de la función SUMA (Imagen 1.2), es decir, de la forma: *número1, [número2], [número 3]...* así que, para omitir esta notación, se abreviará únicamente como *[número_n]* en donde *n* toma valores desde 1 hasta 255 (que es el máximo de argumentos que puede llevar una función con esta estructura).

	A	B	C	D	E	F
1	10					
2	20					
3	30		=SUMA(A1,A4,5			
4	40		SUMA(número1, [número2], [número3], [número4], ...)			
5	50					

Imagen 1.2 Argumentos de la función SUMA

> **ⓘ NOTA**
>
> No olvidemos que el argumento *número1* es obligatorio y los demás opcionales, además, la palabra "*número*" puede variar según la función, por ejemplo, CONCATENAR es de la estructura [*texto_n*].

1.1.1 Insertando referencias en una fórmula

Tenemos 3 formas de insertar una referencia a una fórmula.

1. Escribiéndola directamente con el teclado.

2. Desplazarnos con las flechas del teclado hasta llegar a la celda deseada.

3. Darle clic con el ratón a la celda deseada.

1.1.2 Celdas vacías

Supongamos que tenemos la siguiente fórmula:

```
=SUMA(A1,A2,A3)
```

Pero la celda A1 no contiene nada, mientras que las otras dos celdas sí contienen números, ¿qué pasará? La respuesta es que Excel tomará la celda vacía como un cero, tal cual se puede apreciar en la imagen 1.3.

	A	B	C
1			=SUMA(A1:A3)
2	5		15
3	10		

Imagen 1.3 Suma con celdas vacías

Pero ¿qué pasaría con una división? (=A2/A1)

	A	B	C
1			=A2/A1
2	5		#¡DIV/0!
3	10		

Imagen 1.4 División entre cero

Si dividimos entre cero o entre una celda vacía, Excel nos regresara un error. La definición de los errores y cómo solucionarlos se verá más adelante.

1.2 ERRORES EN LAS FÓRMULAS

En la siguiente tabla te muestro los errores que te pueden salir cuando trabajes con fórmulas en Excel.

Nombre del error	Porqué pasa el error	Solucionar el error
######	El dato es más grande que el ancho de la columna.	Ampliar la columna (Imagen 1.5).
#¿NOMBRE?	La función no existe o está mal escrita.	Corrigiendo el nombre de la función.
#¡REF!	Pasa cuando una celda ha sido eliminada y estaba siendo utilizada por una fórmula.	Ajustando las referencias para que la fórmula no llame[1] a las celdas eliminadas.
#DIV/0	Pasa cuando se divide entre cero o entre una celda vacía.	Corrigiendo los valores de la celda.
#¡VALOR!	Pasa cuando llenamos con un tipo de dato incorrecto los argumentos de una función.	Corrigiendo los valores de la celda (Imagen 1.8).
#¡NUM!	Pasa cuando hacemos fórmulas que sobrepasan las capacidades de Excel.	Ejemplo en la imagen 1.6.
#¡NULO!	Pasa cuando escribimos mal los operadores referenciales.	Ejemplo en la imagen 1.7.
#¡N/D!	Pasa cuando no se encuentra el valor buscado.	Se verá un ejemplo en el capítulo 4.7.
#¡DESBORDA-MIENTO!	Pasa cuando Excel intenta llenar con información celdas que se encuentran ocupadas.	Se verá un ejemplo en el capítulo 2.1.

Antes de empezar, quiero aclarar un punto importante, y es que el error #¡N/A! (*Not Available*) aparecía en versiones inferiores de Excel aunque tuvieras la versión en español, sin embargo, en las nuevas versiones, aparece como #¡N/D! que significa *No Disponible*, ya correctamente traducido.

Ahora sí, comenzaremos viendo como ajustar el ancho de una columna para evitar el primer error (######).

---

1 Por llamar se entiende a que se está solicitando la información de cierta referencia.

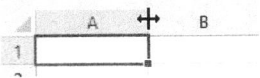

Imagen 1.5 Ampliar el ancho de la columna

Para modificar el ancho de una columna (o de una fila), tenemos que poner el puntero del ratón en medio de las columnas hasta que cambie de forma (como se observa en la imagen 1.5) y arrastrar hasta adaptar la celda al tamaño deseado.

Para ajustar el ancho de la columna A, tenemos que poner el puntero del ratón entre la columna A y B, si quisiéramos ajustar el tamaño de la columna B, tenemos que poner el ratón entre la columna B y C y así sucesivamente.

Para ajustar automáticamente el ancho de la columna al tamaño del texto, ponemos el puntero en medio de las dos columnas y en lugar de arrastrar, damos doble clic.

Ahora, veremos un ejemplo de cómo provocar el error **#¡NUM!** Sobrepasando las capacidades de Excel, que, por cierto, este error es muy poco probable que ocurra.

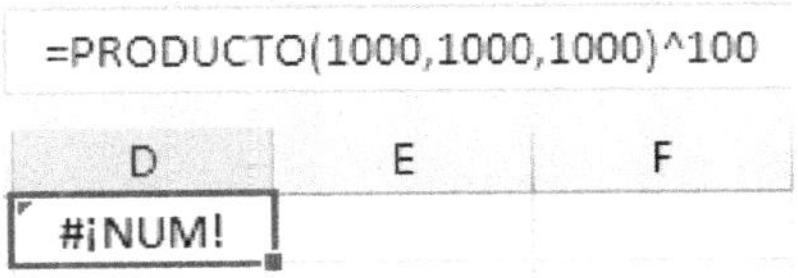

=PRODUCTO(1000,1000,1000)^100		
D	E	F
#¡NUM!		

Imagen 1.6 Error #¡NUM!

Como se observa en la imagen 1.6, al realizar esta operación, nos saldría un número muy muy grande, pues le estamos diciendo a Excel que multiplique **1000** × **1000** × **1000** y el resultado lo eleve a la potencia **100**.

A continuación, veremos un ejemplo de cómo provocar el error **#¡NULO!**

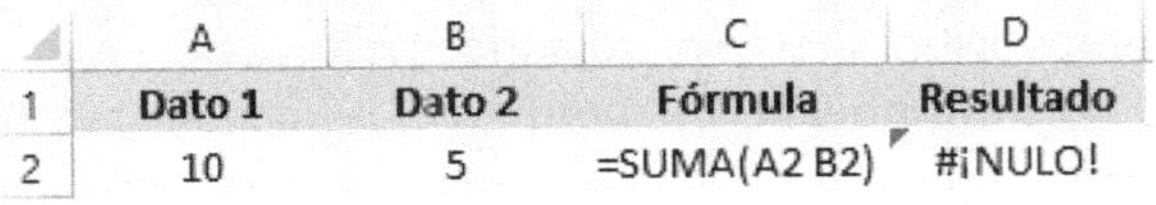

	A	B	C	D
1	**Dato 1**	**Dato 2**	**Fórmula**	**Resultado**
2	10	5	=SUMA(A2 B2)	#¡NULO!

Imagen 1.7 Error #¡NULO!

Como te habrás dado cuenta, el error aquí es que no se separaron de manera correcta los argumentos en la función SUMA.

Finalmente, veremos cómo provocar el error #¡VALOR!

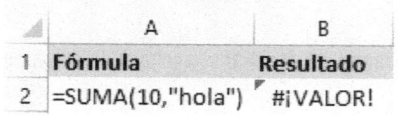

Imagen 1.8 Error #¡VALOR!

Entonces, como se decía en la tabla, este error *pasa cuando llenamos con un tipo de dato incorrecto los argumentos de una función*, que en este caso, si la función SUMA nos está pidiendo números para trabajar y le damos texto, nos va a regresar el error #¡VALOR!

Un dato importante…

Excel jamás nos mostrará el error ##### porque los números decimales que acompañan a un entero no quepan en la celda, simplemente los ocultará y redondeará el último dígito. Esto del redondeo se verá con detalle en el capítulo 3.4.

1.3 OPERADORES

Los operadores son la forma más sencilla de realizar cálculos en Excel y existen cuatro tipos: aritméticos, lógicos, referenciales y de texto. En este apartado haremos un breve resumen de cada una de estas categorías, a excepción de la última, pues el operador de texto se explica en el siguiente capítulo.

Recordemos que un operador es un **símbolo que ejecuta una acción**. En una misma fórmula podemos mezclar cuantos operadores necesitemos y de las categorías que se requieran.

1.3.1 Operadores aritméticos

Los operadores aritméticos o matemáticos realizan operaciones básicas como sumar (+), restar (-), multiplicar (*), dividir (/), elevar (^) y obtener porcentajes (%). Y sabemos que tenemos funciones que realizan estas mismas operaciones que las vamos a ir viendo en los capítulos posteriores, pues ese es el tema central de este libro, las funciones. En la imagen 1.9 se muestra una tabla con los 6 operadores aritméticos que existen en Excel.

	A	B	C	D	E
1	Operación	Dato 1	Dato 2	Formula	Resultado
2	SUMA	4	2	=B2+C2	6
3	RESTA	4	2	=B3-C3	2
4	MULTIPLICACIÓN	4	2	=B4*C4	8
5	DIVISIÓN	4	2	=B5/C5	2
6	ELEVACIÓN	4	2	=B6^C6	16
7	PORCENTAJE	4	-	=B7%	0.04

Imagen 1.9 Operadores aritméticos

1.3.2 Operadores lógicos

Los **operadores lógicos**, como su nombre lo indica, nos ayudan a resolver una prueba lógica. Existen 6 operadores lógicos que aparecen en la imagen 1.10.

	A	B	C	D	E
1	Operación	Dato 1	Dato 2	Fórmula	Resultado
2	IGUAL	4	4	=B2=C2	VERDADERO
3	MENOR QUE	4	4	=B3<C3	FALSO
4	MENOR QUE O IGUAL	4	4	=B4<=C4	VERDADERO
5	MAYOR QUE	4	4	=B5>C5	FALSO
6	MAYOR QUE O IGUAL	4	4	=B6>=C6	VERDADERO
7	DIFERENTE	4	4	=B7<>C7	FALSO

Imagen 1.10 Operadores lógicos

Vemos que los resultados de estos operadores son VERDADERO o FALSO según se cumple o no la condición, entender esto nos ayudará mucho cuando veamos las funciones lógicas.

Poniendo como ejemplo el primer caso (B2=C2), Excel aplica la siguiente condición: Si el valor en B2 es igual al valor en C2 el resultado será VERDADERO sino el resultado será FALSO.

1.3.3 Operadores referenciales

Los rangos y la delimitación de argumentos están establecidos por los 3 operadores referenciales, los dos puntos (:), la coma (,) y el espacio en blanco, cada uno de ellos se explica a continuación.

El operador dos puntos (:) lo que hace es, seleccionar todo lo que esté dentro de dos referencias. A esta selección se le llama **rango**, veamos un ejemplo.

	A	B	C
1	20	15	30
2	5	14	20
3	10	10	10
4			
5	=A1:C3		

Imagen 1.11 Selección de un rango

Como se puede observar en la imagen 1.11, tenemos que especificarle a Excel, en dónde empieza nuestro rango y dónde termina, haciendo referencia a las dos celdas de las orillas (A1 y C3) pero que bien podrían ser también las orillas inversas (A3 y C1).

Este operador **NO delimita los argumentos** en las funciones, si nos fijamos en la imagen 1.12, el rango (A1:A5) está dentro del mismo argumento *número1*.

	A	B	C	D
1	10			
2	20		=SUMA(A1:A5	
3	30		SUMA(**número1**, [número2], ...)	
4	40			
5	50			

Imagen 1.12 El operador dos puntos no separa argumentos

El operador coma (,) es el **único que delimita los argumentos de las funciones**, si observamos en la imagen 1.13, la referencia A1 está dentro del argumento *número1*, la referencia A2 está dentro de *número2*, y así con todas las demás.

	A	B	C	D	E	F	G	I
1	10							
2	20		=SUMA(A1,A2,A3,A4,A5					
3	30		SUMA(número1, [número2], [número3], [número4], [**número5**], [número6], ...)					
4	40							
5	50							

Imagen 1.13 El operador coma sí separa argumentos

1.4 JERARQUÍAS

Excel utiliza tres jerarquías para poder resolver adecuadamente los cálculos que le solicitamos en las fórmulas, la primera de ellas es la jerarquía de operaciones aritméticas, la segunda es la jerarquía de operadores y la tercera la jerarquía de paréntesis. De las tres hablaremos en este apartado.

1.4.1 Jerarquía de operaciones

Excel utiliza la jerarquía de operaciones matemática para resolver por orden las operaciones, en la imagen 1.14 te muestro el orden en que se resuelven las operaciones.

Imagen 1.14 Jerarquía de operaciones

Esto ¿qué quiere decir? Imaginemos (o puedes probar en Excel) que tenemos la siguiente fórmula:

```
=5+10*2.
```

¿Cuál crees que sería el resultado? ¿25 o 30? La respuesta sería **25** porque según la jerarquía, las multiplicaciones van primero que las sumas, así que, si quisiéramos que el resultado de la suma se multiplique por dos, en lugar de que al resultado de la multiplicación se le sumen cinco, tendríamos que requerir de la intervención de los paréntesis:

```
=(5+10)*2
```

Así nuestro resultado sí sería **30**. Para comprender mejor esto, revisa la siguiente tabla:

	Fórmula sin paréntesis	Fórmula con paréntesis
Fórmula	=5+10*2	=(5+10)*2
Forma de resolver	=5+20	=15*2
Resultado	25	30

(i) NOTA

Unicamente utilizaremos paréntesis ( ), las llaves { } y los corchetes [ ] tienen otra función en Excel que después veremos, así que puedes insertar tantos paréntesis como sean necesarios sin utilizar otros signos de agrupación.

Otro dato que hay que recordar, es que los paréntesis se van resolviendo de adentro hacia afuera como se aprecia en esta otra tabla.

Fórmula	=10+(15*(5+(10*2)))
Paso 1	10+(15*(5+20)
Paso 2	10+(15*25)
Paso 3	10+375
Respuesta	385

1.4.2 Jerarquía de operadores

Ahora bien, como Excel se basa en la jerarquía de operaciones para resolver las fórmulas, también tenemos una **jerarquía de operadores** que le indicarán a Excel qué debe resolver primero en caso de tener más de uno en una fórmula.

Los números son los que marcan la jerarquía, iniciando con el número 1 como el operador que Excel resuelve primero y termina en el número 10 con el operador que Excel resuelve hasta el final.

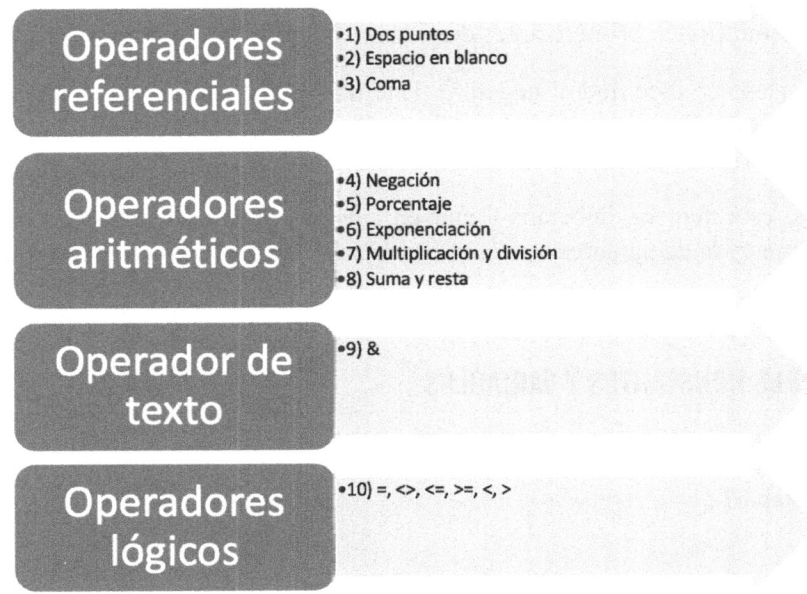

Imagen 1.15 Jerarquía de operadores

> ### (i) NOTA
>
> Excel le da mucho más peso al negativo que a cualquier otro operador aritmético, pero **NO a la resta**, esto es un punto muy importante como se muestra a continuación.

Si tenemos la siguiente fórmula:

`=1-2*-3`

¿Cuál sería el resultado? ¿7 o 3? La respuesta es 7 y se explica a continuación.

Desarrollo incorrecto	Desarrollo correcto
`1-2*-3`	`1-2*-3`
`-1*-3`	`1-(-6)`
`3`	`7`

Podemos observar que en el **desarrollo incorrecto** se restó 1-2 antes de multiplicar por -3 quedando -1*-3 cosa que es incorrecta, pues en la jerarquía de operaciones la multiplicación va antes que la resta y vemos que en el **desarrollo correcto** se multiplico primero antes de restar.

Por eso se dice que el negativo tiene más peso que los demás operadores aritméticos, porque primero se le asignó el negativo al 3 antes de hacer la multiplicación y la resta de 1-(-6) se quedó hasta el final.

De esta manera, debemos tomar en cuenta la jerarquía de operaciones, la de operadores y la de paréntesis para que nuestras fórmulas arrojen el resultado que esperamos.

1.5 VALORES CONSTANTES Y VARIABLES

De la fórmula que aparece a continuación ¿cuál sería el valor constante y cual el variable?

```
=5*A1
```

El número 5 es el valor constante porque no va a cambiar y la referencia a A1 es el variable ¿por qué? Porque la celda A1 puede tomar cualquier valor que nosotros le escribamos.

Ilustraremos esto que acabamos de decir con un ejemplo. Supongamos que tenemos la fórmula anterior y en la celda A1 tenemos escrito un número 1. ¿Cuál sería el resultado de la fórmula? La respuesta es 5. ¿Y si cambiáramos el valor de A1 por un 2? La fórmula **actualizará automáticamente el resultado**, reemplazando al 5 por un 10.

En resumen, cualquier tipo de referencia que nosotros insertemos en nuestras fórmulas serán consideradas como valores variables y todos los datos que nosotros explícitamente escribamos en nuestras fórmulas serán considerados como valores constantes.

1.6 APOYO EXTRA PARA TRABAJAR CON FÓRMULAS

En este último apartado de contenido del capítulo 1, vamos a explorar un par de herramientas que nos serán de muchísima utilidad a la hora de estar trabajando con fórmulas en Excel.

1.6.1 Barra de fórmulas

Los botones que acompañan a la barra de fórmulas tienen usos particularmente interesantes, pero estos usos se explican en la página de Facebook.

Imagen 1.16 Opciones de la barra de fórmulas

1.6.2 Ficha fórmulas

El primer grupo que encontramos dentro de esta ficha es la **Biblioteca de funciones**, desde allí, podemos ubicar e insertar en las hojas de cálculo todas las funciones (a excepción de una) que Excel nos ofrece de una manera muy sencilla, pues estas se encuentran acomodadas por categorías, además desde aquí podemos utilizar el asistente para insertar una función (el mismo del botón *f(x)* de la barra de fórmulas) y aplicar la autosuma.

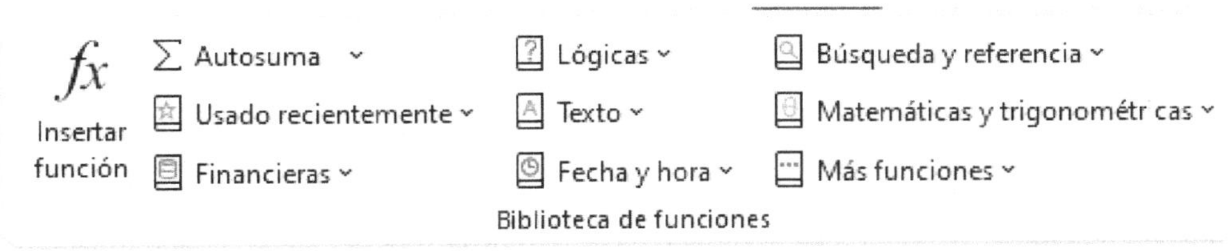

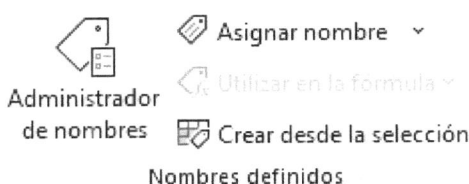

Imagen 1.17 Grupo biblioteca de funciones

El segundo grupo que encontramos dentro de esta ficha es **Nombres definidos**, desde este grupo vamos a poder definirles nombres a las celdas o a los rangos con el objetivo de realizar cálculos más eficientes e intuitivos. Para realizar esto, una vez tengamos ubicadas las celdas a renombrar, vamos a dar clic sobre la opción *Asignar nombre*, lo que abrirá el cuadro de dialogo de la imagen 1.19.

Imagen 1.18 Grupo nombres definidos

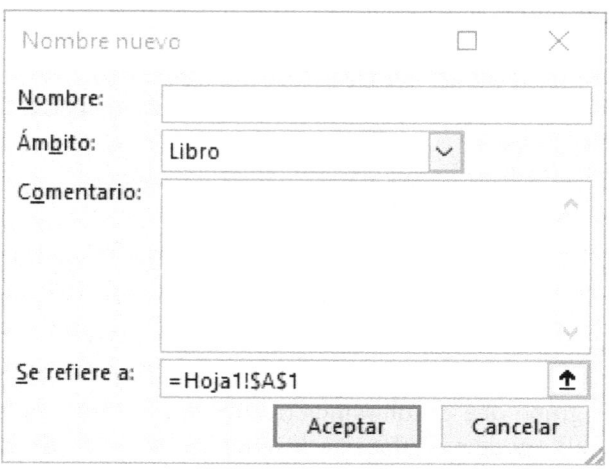

Imagen 1.19 Definir nombre

En el campo *Nombre* tenemos que definir el nuevo nombre con el que se va a referenciar a la celda o al rango, es decir, por ejemplo, ya no se llamará A1, ahora se llamará Mandarina y así se va a referenciar en las fórmulas.

En el campo *Ámbito* tenemos que seleccionar si este nombre estará disponible en todo el libro o solo se puede acceder a él en una hoja de cálculo en específico.

En el campo *Se refiere a* solo tenemos que ver, que se esté refiriendo a la celda o al rango correctamente, en este caso, la celda a la que se le va a cambiar el nombre se encuentra en la hoja uno y su referencia es $A$1.

Ahora, desde el cuadro de nombres, podemos ver las celdas que tienen un nombre definido, y al darle clic a un nombre, la celda activa se posicionará sobre dicha celda o rango. Para ejemplificar, se han agregado varios nombres.

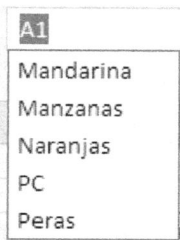

Imagen 1.20 Nombres de celdas en un libro

Cabe mencionar que, al definir un nombre para un rango, en el cuadro de nombres no aparecerá el mismo nombre para todas las celdas, se seguirán llamando individualmente por su referencia, únicamente se llamarán por su nombre definido en conjunto.

Para llamar a una celda por su nombre definido en una fórmula, se tiene que escribir la inicial del nombre y aparecerá una lista desplegable con algunas recomendaciones de funciones que empiecen con la misma letra, así como con las celdas con nombre definido, tal cual como se observa en la imagen 1.21.

11	=SUMA(M
12	SUMA(número1, [número2], …)
13	*fx* M.C.D
14	*fx* M.C.M
15	*fx* M.UNIDAD
16	⊞ Mandarina
	⊞ Manzanas
17	*fx* MAX
18	*fx* MAX.SI.CONJUNTO
19	*fx* MAXA
20	*fx* MAYOR.O.IGUAL
21	*fx* MAYUSC
	fx MDETERM
22	*fx* MEDIA.ACOTADA

Imagen 1.21 Llamar a una celda/rango con nombre

Y el tercer grupo que trataremos de esta ficha es la **auditoría de fórmulas**. Desde este grupo, podemos hacer varias cosas interesantes, una de ellas es, poder rastrear las referencias hacia las que apunta una fórmula. Esto se logra con ayuda de la opción *Rastrear precedentes*. Un ejemplo de la utilidad de esta herramienta se expone en la imagen 1.23.

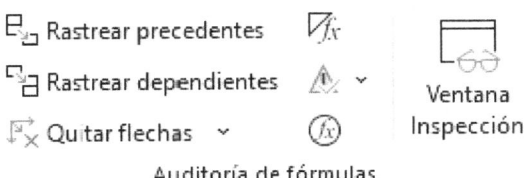

Auditoría de fórmulas

Imagen 1.22 Grupo auditoría de fórmulas

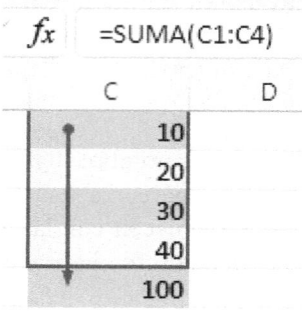

Imagen 1.23 Rastrear precedentes

Por otro lado, con la herramienta *Rastrear dependientes* podemos detectar fórmulas con **referencias circulares**, es decir, a fórmulas que dependan una de la otra, por ejemplo, supongamos que en la celda C5 tenemos la siguiente fórmula.

```
=SUMA(C1:C4,D5)
```

Y en la celda D5 se alberga esta otra fórmula.

```
=SUMA(C5,20)
```

¿Qué pasa? Para obtener el resultado de la suma en la celda C5 necesitamos el valor del rango (C1:C4) y de la celda D5, pero para obtener el valor de la celda D5 necesitamos sumar el valor de la celda C5 más 10; es decir, una depende de la otra y ninguna se puede ejecutar.

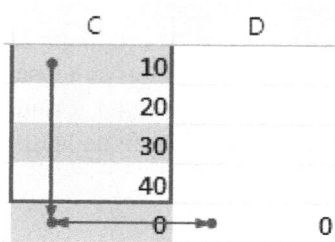

Imagen 1.24 Rastrear dependencias

Para eliminar estas flechas y recuadros de nuestra hoja de cálculo tenemos la opción *Quitar flechas*.

Tenemos tres herramientas adicionales muy interesantes en este grupo que nos pueden ser de mucha ayuda, la primera de ellas es la llamada *Mostrar fórmulas*.

Esta opción permite visualizar las fórmulas en las celdas en lugar de su resultado, así como las referencias hacia las que apunta. En el caso de la imagen 1.25 se están resaltando las celdas a las que hace referencia la fórmula de la celda C5, ya que ahí se encuentra la celda activa.

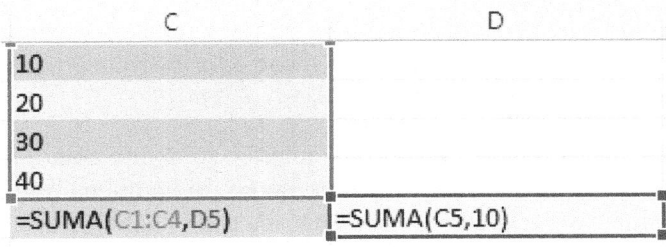

Imagen 1.25 Mostrar fórmulas

Por otra parte, contamos con la herramienta llamada *Comprobación de errores*. Para demostrar su utilidad, trabajaremos en base al ejemplo anterior. En este caso, se modificó la fórmula de la celda D5 de la siguiente manera.

```
=SUM(C5,10)
```

Lo que obviamente provoca un error porque la función SUM no existe, entonces al ejecutar esta herramienta, nos abrirá un cuadro de diálogo, el cual nos llevará a cada uno de los errores de cálculo que aparezcan dentro de la hoja, pudiéndonos desplazar con los botones *Siguiente* y *Anterior*.

Este diálogo nos proporciona una breve descripción de porqué surge el error y en donde se ubica, además nos proporciona algunas opciones para que podamos solucionarlo, por ejemplo, podemos obtener ayuda sobre el error directamente en la documentación de Microsoft, podemos evaluar el error, omitirlo o modificar la fórmula en la barra de fórmulas para corregirlo manualmente.

Comprobación de errores	? ☓
Error en la celda D5	Ayuda sobre este error
=SUM(C5,10)	Seguimiento de error
Error de nombre no válido	Omitir error
La fórmula contiene texto no reconocido.	Modificar en la barra de fórmulas
Opciones...	Anterior Siguiente

Imagen 1.26 Comprobación de errores

Y la tercera y última herramienta nos va a permitir evaluar la resolución de una fórmula. Supongamos ahora que en la celda C5 de nuestro ejemplo anterior creamos una nueva fórmula como la siguiente.

```
=SI(PRODUCTO(C1:C4)>SUMA(C1:C4),"VERDADERO"&C2-C1,"FALSO"&C4)
```

Sé que no hemos estudiado ninguna de estas funciones, pero aplicando un poco de lógica, asumimos que tenemos que resolver primero la prueba lógica del SI para saber qué resultado mostrar, si el verdadero o el falso.

La prueba lógica de la función SI anterior se define como, si el producto de (C1:C4) es mayor que la suma del mismo rango. Si la prueba resulta verdadera, mostrará la palabra "VERDADERO" concatenada con el valor de la celda C2 menos el valor en la celda C1, pero si resulta ser falsa, entonces mostrará la palabra "FALSO" concatenada con el valor de la celda C4.

Si aplicamos esta fórmula, directamente vemos en la celda un "VERDADERO10", pero si quisiéramos visualizar paso a paso cómo es que se llegó al resultado, tenemos que ejecutar la herramienta *Evaluar fórmula*.

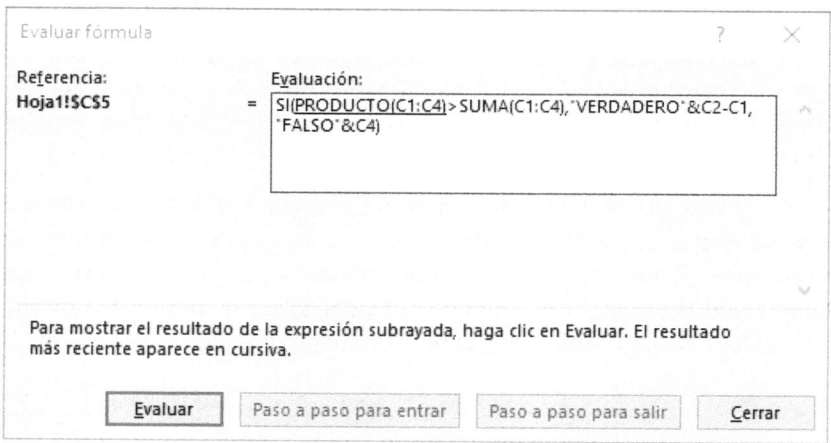

Imagen 1.27 Evaluar fórmula

Iniciamos la evaluación dando clic sobre el botón *Evaluar* y para seguir avanzando paso a paso en la resolución de la fórmula seguimos dando clic sobre *Evaluar*.

1.7 ACTIVIDADES PARA REFORZAR LO APRENDIDO

La actividad de cierre para reforzar lo aprendido en el capítulo uno, se describe a continuación.

Actividad 1

Responde el cuestionario referente a este capítulo que se encuentra en la carpeta del capítulo.

2

FUNCIONES DE TEXTO

En este capítulo veremos 20 funciones que pertenecen al grupo de las funciones de texto. Estas funciones nos permitirán realizar operaciones con el texto, por ejemplo, concatenarlo, dividirlo, evaluarlo, convertirlo, encontrarlo, etcétera.

Imagen 2.1 Funciones del capítulo 2

2.1 CONCATENAR TEXTO

El **operador de texto** representado por el símbolo ampersand (&) nos sirve para concatenar varias cadenas de texto en una misma frase. A continuación, vamos a ver un ejemplo comparando la labor de este operador con la función CONCATENAR y con su sucesora CONCAT.

	A	B	C	D
1	Cadena 1	Cadena 2	Fórmula	Resultado
2	Capítulo	2.4	=A2&B2	Capítulo2.4
3	Capítulo	2.4	=CONCATENAR(A3,B3)	Capítulo2.4
4	Capítulo	2.4	=CONCAT(A4,B4)	Capítulo2.4

Imagen 2.2 Concatenar cadenas de texto

Podemos observar que todos realizan la misma labor y que por cualquier camino, se llega al mismo resultado, la diferencia aquí radica en que la función CONCATENAR está en modo compatibilidad en Excel 2019 porque fue sustituida por CONCAT; esto se explica con detalle en el diccionario de funciones (apéndice B).

Ahora, en la imagen 2.3 te mostraré un comportamiento inesperado de la función CONCATENAR cuando la usamos con rangos y cómo con la función CONCAT este error es corregido, permitiéndonos utilizar los rangos sin problema alguno.

¿Qué es este comportamiento inesperado? La función CONCATENAR no hace bien su trabajo, pues solo está copiando y pegando el texto en celdas adyacentes (área de desbordamiento) y no está concatenando el texto en la misma celda.

C	D
CONCATENAR	CONCAT
Enero	Enero
del	del
2021	2021
=CONCATENAR(C2:C5)	=CONCAT(D2:D5)
Enero	Enerodel2021
del	
2021	

Imagen 2.3 Comportamiento inesperado de la función CONCATENAR

Este comportamiento aparece en Excel 2019 para evitarle al usuario un error, pues, por ejemplo, en Excel 2013 la fórmula no se **desborda**, sino que nos regresa un error como se observa en la siguiente imagen.

	A	B	C	D
1	Cadena 1	Cadena 2	Fórmula	Resultado
2	Excel	2019	=CONCATENAR(A2:B2)	#¡VALOR!

Imagen 2.4 Error al utilizar rangos con la función CONCATENAR

Para corregir este problema de CONCATENAR, cambiaremos el rango por referencias independientes, como lo tenemos en la imagen 2.2, así, cada argumento es llenado por una única cadena, o una única referencia.

```
=CONCATENAR(C2,C3,C4,C5)
```

2.1.1 Separar con espacios las cadenas concatenadas

Ahora que ya solucionamos los problemas de la función CONCATENAR, vamos a aplicarle mejoras al resultado de la concatenación.

Como se vio en la imagen 2.2, el texto se concatena sin dejar espacios en blanco entre las cadenas. Una alternativa para insertarles estos espacios (porque hay muchas formas), es agregarle unas comillas con un espacio entre cada cadena, como se observa en la imagen 2.5.

	A	B	C	D
1	Cadena 1	Cadena 2	Fórmula	Resultado
2	Capítulo	2.4	=A2&" "&B2	Capítulo 2.4
3	Capítulo	2.4	=CONCATENAR(A3," ",B3)	Capítulo 2.4
4	Capítulo	2.4	=CONCAT(A4," ",B4)	Capítulo 2.4

Imagen 2.5 Insertando espacios en blanco

Pero a partir de Excel 2019, aparece una nueva función que nos ayudará con esta tarea llamada UNIRCADENAS y consta de los siguientes argumentos:

	A	B	C	D
1	=UNIRCADENAS(			
2	UNIRCADENAS(**delimitador**, ignorar_vacías, texto1, ...)			

Imagen 2.6 Función UNIRCADENAS

▼ **Delimitador:** este será el carácter con lo que la función separará cada cadena que vayamos a concatenar.

▼ **Ignorar_celdas_vacías:** aquí le decimos a la función si queremos que tome en cuenta a las celdas vacías, ya que, al seleccionar una celda vacía se insertará un doble delimitador (lo veremos en la imagen 2.7).

▼ **[texto$_n$]:** aquí establecemos las referencias o los rangos a concatenar.

Vamos a ver un ejemplo de cómo usar esta función tomando en cuenta e ignorando a las celdas vacías.

◢	A	B	C
1	Operación	UNIRCADENAS	UNIRCADENAS
2	Cadena 1	Leccion	Leccion
3	Cadena 2		
4	Cadena 3	5	5
5	Fórmula	=UNIRCADENAS(" ",VERDADERO,B2:B5)	=UNIRCADENAS(" ",FALSO,C2:C4)
6	Resultado	Leccion 5	Leccion 5

Imagen 2.7 Función UNIRCADENAS contando e ignorando a las celdas vacías

El resultado de la celda C6, dice Lección--5 con un doble espacio entre ambas cadenas (representado aquí en el texto por los dos guiones), a diferencia del resultado de la celda B6 que solo tiene un espacio entre ambas palabras, esto es porque ignoró a las celdas vacías.

2.2 DIVIDIR TEXTO

La función DERECHA devuelve los *n* caracteres ubicados en la parte derecha de una cadena de texto. En contra parte, la función IZQUIERDA devuelve los *n* caracteres ubicados en la parte izquierda de la cadena de texto.

En el ejemplo de la imagen 2.8 se observa que en ambas funciones el segundo argumento se llena con un 3, esto quiere decir que, de derecha a izquierda, en el caso de la función DERECHA, va a tomar los primeros 3 caracteres y eso es lo que va a devolver, mientras que en el caso de la función IZQUIERDA, va a tomar los últimos 3 caracteres.

La función EXTRAE se comporta de manera similar a las anteriores, la única diferencia es que cuenta con un argumento extra, en el cual, le tenemos que indicar la posición en la cadena desde donde comenzará a extraer los caracteres, por ejemplo, en el caso de la imagen 2.8 le estamos diciendo a la función que nos devuelva los 3 caracteres que se encuentren a partir de la posición 4.

```
=EXTRAE(A4,4,3)
```

La función DIVIDIRTEXTO nos devuelve en un área de desbordamiento (al ser una función matricial[2]) las cadenas de texto separadas por un delimitador, por ejemplo, en el caso de la imagen 2.8 podemos observar que el texto que se va a separar es "Excel, 365, 2019" en base al delimitador coma (,), lo que genera un resultado en tres celdas.

Si no queremos generar un área de desbordamiento y solamente queremos recuperar una parte del texto delimitado, podemos utilizar las funciones TEXTOANTES y TEXTODESPUES.

	A	B	C	D	E
1	Texto	Formula	Resultado		
2	Excel, 365, 2019	=DERECHA(A2,3)	019		
3	Excel, 365, 2019	=IZQUIERDA(A3,3)	Exc		
4	Excel, 365, 2019	=EXTRAE(A4,4,3)	el,		
5	Excel, 365, 2019	=DIVIDIRTEXTO(A5,",")	Excel	365	2019
6	Excel, 365, 2019	=TEXTOANTES(A6,",")	Excel		
7	Excel, 365, 2019	=TEXTODESPUES(A7,",")	365, 2019		
8	Excel, 365, 2019	=TEXTODESPUES(A7,",",2)	2019		

Imagen 2.8 Funciones para dividir texto

Al final de la imagen 2.8 se exponen dos ejemplos en base a la función TEXTODESPUES para ejemplificar qué pasa si tenemos más de un delimitador. En el ejemplo de la fila 7 la función devuelve "365, 2019" porque fue todo lo que encontró después del primer delimitador, pero si quisiéramos extraer a partir de la siguiente parte, necesitamos decirle a la función desde cual delimitador queremos extraer la información, por eso, se agrega el último argumento con el número "2" en la función de la fila 8.

---

2   Las funciones matriciales las veremos a detalle en el capítulo 4.

2.3 EVALUAR TEXTOS

La función IGUAL nos permite comparar dos cadenas de texto, si son idénticas, nos regresará VERDADERO, pero si tienen alguna diferencia nos devolverá FALSO. Esta función se puede utilizar no solo con textos, sino que también con números.

	A	B	C	D
1	Texto 1	Texto 2	Formula	Resultado
2	Excel, 365	Excel, 365	=IGUAL(A2,B2)	VERDADERO

Imagen 2.9 Función IGUAL

La función LARGO nos permite evaluar la longitud de una cadena de texto; en el caso de la imagen 2.10, la cadena "Excel, 365" tiene una longitud de 10 caracteres.

	A	B	C
1	Texto	Formula	Resultado
2	Excel, 365	=LARGO(A2)	10

Imagen 2.10 Función LARGO

2.4 CONVERTIR TEXTO

Iniciaremos este apartado viendo cuatro funciones que nos permiten convertir texto. La función ESPACIOS elimina todos los espacios en blanco en el texto excepto los espacios individuales entre palabras. La función NOMPROPIO pone en mayúsculas la primera letra de cada palabra. La función MAYUSC convierte en mayúsculas todo el texto y la función MINUSC en minúsculas.

	A	B	C
1	Texto	Formula	Resultado
2	axel d saldivar	=ESPACIOS(A2)	axel d saldivar
3	axel d saldivar	=NOMPROPIO(A3)	Axel D Saldivar
4	axel d saldivar	=MAYUSC(A4)	AXEL D SALDIVAR
5	axel d saldivar	=MINUSC(A5)	axel d saldivar

Imagen 2.11 Más funciones para convertir texto

Adicionalmente, tenemos otras dos funciones que nos van a servir para reemplazar parte de una cadena de texto por otra frase. La función REEMPLAZAR nos pide los siguientes argumentos. En *Texto original* referenciamos la cadena de texto que queremos modificar, en *Núm_inicial* especificamos la posición de la cadena que se va a reemplazar, en *Núm_de_caracteres* especificamos la cantidad de caracteres que se van a reemplazar a partir de *Núm_inicial* y en *Texto_nuevo* referenciamos la cadena de texto por la que se va a reemplazar *Núm_de_caracteres*.

Mientras que la función SUSTITUIR nos pide los siguientes argumentos. En *Texto* referenciamos la cadena de texto que queremos modificar, en *Texto_inicial* especificamos el carácter o la frase que se va a sustituir, en *Texto_nuevo* referenciamos la cadena de texto por la que se va a sustituir *Texto_inicial*, y en *[núm_de_repeticiones]* indicamos la cantidad de veces que se buscará el *Texto_inicial* en el *Texto* para sustituirlo por *Texto_nuevo*.

¿Cuáles son las diferencias entre ambas funciones? ¡Vamos a verlo con un ejemplo práctico!

	A	B	C
1	**Texto**	**Formula**	**Resultado**
2	Excelente	=REEMPLAZAR(A2,1,2,"eX")	eXcelente
3	Excelente	=SUSTITUIR(A3,"e","ñ")	Excñlñntñ
4	Excelente	=SUSTITUIR(A4,"e","ñ","1")	Excñlente

Imagen 2.12 Funciones para cambiar texto

En la imagen 2.12 se exponen dos ejemplos con la función SUSTITUIR para demostrar la utilidad del argumento *[núm_de_repeticiones]*, pues si este no se llena, se sustituyen todas las coincidencias, pero, por ejemplo, al indicarle un "1", únicamente sustituyó la primera coincidencia de la cadena original.

Y en el caso de la función REEMPLAZAR, lo que se está haciendo es, eliminar los primeros dos caracteres e insertar la frase "eX" en esa misma posición.

2.4.1 Función TEXTO

Finalmente, contamos con otra función que nos permite convertir números a un formato específico, hablamos de la función TEXTO. Esta función cuenta con dos argumentos, *valor* y *formato*. En el primero de ellos se coloca el número a convertir y en el segundo se coloca algún formato de los siguientes.

Formato	Descripción
"$#,##"	Convierte un número a moneda.
"0.0%"	Convierte un número a porcentaje.
"# ?/?"	Convierte un número decimal en una fracción mixta, es decir, no toca a la parte entera, solo convierte los decimales en fracción.
"#? /?"	Convierte todo el número en una fracción.
"(##) ####-####"	Convierte a formato de número telefónico.
"00.00"	Agrega ceros a la izquierda en la parte entera y ceros a la derecha en la parte decimal.
"##0° 00' 00''"	Convierte a formato de grados, longitud y latitud.
"#,###"	Separa el número por millares.

También se pueden aplicar formatos de fecha, pero estos los veremos con detalle en el capítulo 8, así que, por el momento, solamente nos centraremos en los formatos de texto y para ello vamos a ver un ejemplo con cada uno de ellos. Si quieres conocer más acerca de estos formatos te recomiendo acceder a la documentación de Microsoft[3].

	A	B	C
1	**Número**	**Fórmula**	**Resultado**
2	1.37	=TEXTO(A2,"$#.##")	$1.37
3	1.37	=TEXTO(A3,"%0.0")	%137.0
4	1.37	=TEXTO(A4,"# ?/?")	1 3/8
5	1.37	=TEXTO(A5,"#? /?")	11 /8
6	3312345678	=TEXTO(A6,"(##) ####-####")	(33) 1234-5678
7	1.37	=TEXTO(A7,"00.0000")	01.3700
8	12345	=TEXTO(A8,"##0° 00' 00''")	1° 23' 45"
9	1012500	=TEXTO(A9,"#,###")	1,012,500

Imagen 2.13 Ejemplos con la función TEXTO

Solamente quisiera aclarar las diferencias entre el formato del ejemplo de la fila 4 y el de la fila 5. El resultado de la fila 4 es $1\frac{3}{8}$ y el resultado de la fila 5 es $\frac{11}{8}$, pero ambas fracciones son equivalentes y para demostrarlo observa el siguiente procedimiento.

---

3   *https://support.microsoft.com/es-es/office/texto-funci%C3%B3n-texto-20d5ac4d-7b94-49fd-bb38-93d29371225c*

$$1 = \frac{8}{8}$$

$$\frac{8}{8} + \frac{3}{8} = \frac{8+3}{8} = \frac{11}{8}$$

Imagen 2.14 Fracciones equivalentes

Para terminar, solamente me gustaría aclarar que estos formatos no son preestablecidos, es decir, puedes jugar con ellos para encontrar el que más se adapte a tus necesidades, por ejemplo, al formato "$#,##" puedes agregarle o quitarle al final cualquier cantidad de #, según la cantidad de decimales que desees ver en el resultado final. De esta manera puedes jugar con todos los formatos, incluso crear nuevos.

2.5 ENCONTRAR EN UN TEXTO

La función ENCONTRAR nos devuelve la posición de un carácter (o frase) dentro de una cadena de texto. Para esta función vamos a hacer 4 ejemplos con la misma cadena: "Excelente". En el primero se le pide a la función que encuentre la primer 'E' dentro de la cadena almacenada en A2. Para el segundo ejemplo, se le pide que encuentre la primer 'E' después del 3 carácter. Para el tercero se le pide encontrar la primer 'e' y para el cuarto ejemplo se le pide encontrar la primer 'e' después del carácter 7.

	A	B	C
1	Texto	Formula	Resultado
2	Excelente	=ENCONTRAR("E",A2)	1
3	Excelente	=ENCONTRAR("E",A3,3)	#¡VALOR!
4	Excelente	=ENCONTRAR("e",A4)	4
5	Excelente	=ENCONTRAR("e",A4,7)	9

Imagen 2.15 Ejemplos con la función ENCONTRAR

Analicemos los resultados, el primer ejemplo devuelve un '1' esto porque en esa posición se encuentra la primer 'E' mayúscula, porque **esta función es sensible a mayúsculas y minúsculas**. El segundo ejemplo regresa un error, esto porque no existe ninguna 'E' mayúscula después del tercer carácter dentro de la cadena. Y espero que con esta explicación puedas deducir el porqué de los resultados de los ejemplos 3 y 4.

La función HALLAR funciona exactamente igual que la función ENCONTRAR solamente que esta **no** es sensible a mayúsculas y minúsculas. Para ejemplificar su uso, tomaremos los mismos 4 ejemplos anteriores.

	A	B	C
1	Texto	Formula	Resultado
2	Excelente	=HALLAR("E",A2)	1
3	Excelente	=HALLAR("E",A3,3)	4
4	Excelente	=HALLAR("e",A4)	1
5	Excelente	=HALLAR("e",A4,7)	9

Imagen 2.16 Ejemplos con la función HALLAR

¿Qué cambia? Que ahora busca la letra 'E/e' indistintamente dentro de las cadenas de texto.

2.6 ACTIVIDADES PARA REFORZAR LO APRENDIDO

Las actividades de cierre para reforzar lo aprendido en el capítulo dos, se describen a continuación.

Actividad 2

Para esta actividad tendrás que unir los estados con su capital dándole el siguiente formato: capital, coma, espacio en blanco, estado, por ejemplo: GUADALAJARA, JALISCO.

Para las capitales de México, tendrás que usar el operador ampersand (&), para las capitales de los Estados Unidos de América, tendrás que usar la función CONCATENAR o CONCAT y para las capitales de Chile tendrás que usar la nueva función UNIRCADENAS. (Si no la tienes, utiliza CONCATENAR).

> (i) **NOTA**
>
> No importa que las cadenas ya concatenadas sobrepasen el ancho de las columnas ya que estas no se pueden hacer más anchas para no deformar la bandera.

Posterior a esto, haciendo uso de la función LARGO y SUSTITUIR (es una sugerencia nada más, si encuentras otro método es completamente válido) vas a contar las veces que se repite el carácter indicado debajo de cada bandera dentro de la celda que allí también se especifica.

Actividad 3

Para esta actividad tendrás que construir 3 de los campos contenidos en la tabla de la hoja de cálculo; la **placa**, el **identificador de dueño** y el **identificador del vehículo** de la siguiente manera.

- ▶ **Placa:** concatenar la primer letra del estado & Primer letra del municipio & Primer letra del dueño & Un guion (-) & Los últimos dos dígitos del año & A partir del segundo carácter del número de serie tomar los siguientes dos.

- ▶ **Identificador del dueño:** extraer la primera parte de la placa, es decir, todo hasta el guion.

- ▶ **Identificador del vehículo:** extraer la segunda parte de la placa, es decir, todo después del guion.

Como ejemplo, la primera placa (fila 2) debe quedar de la siguiente manera: JGA-12LS.

3

FUNCIONES ARITMÉTICAS

La **aritmética** es la rama de las matemáticas que estudia los números reales, es decir, los números que utilizamos comúnmente para contar o medir cosas, así como las operaciones que se les pueden aplicar. Las funciones que veremos en este capítulo nos servirán para aplicar esta rama de las matemáticas en las hojas de cálculo de Excel. En el siguiente diagrama te dejo las 20 funciones con las que vamos a trabajar en este capítulo.

ABS	ALEATORIO	ALEATORIO.ENTRE	COCIENTE	ENTERO
NUMERO.ARABE	NUMERO.ROMANO	PI	POTENCIA	PRODUCTO
RAIZ	REDOND.MULT	REDONDEA.IMPAR	REDONDEA.PAR	REDONDEAR
REDONDEAR.MAS	REDONDEAR.MENOS	RESIDUO	SUMA	TRUNCAR

Imagen 3.1 Funciones del capítulo 3

3.1 FUNCIÓN SUMA

La imagen 3.2 nos muestra un ejemplo con la función SUMA (la cual recordemos es de la estructura [$número_n$]), que combina rangos con referencias y valores constantes, con esto demostramos que, mientras le ingresemos números a la función, podemos llenar los argumentos con lo que nosotros queramos.

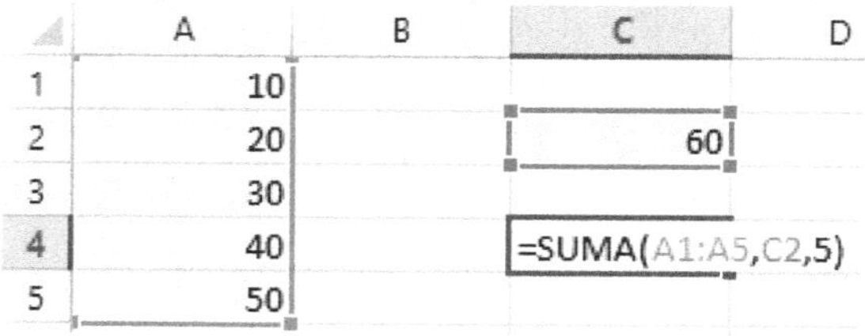

	A	B	C	D
1	10			
2	20		60	
3	30			
4	40		=SUMA(A1:A5,C2,5)	
5	50			

Imagen 3.2 Aplicando todo tipo de dato

Ahora, te quiero mostrar un ejemplo, el cual, demuestra que podemos mezclar funciones con operadores sin ningún problema.

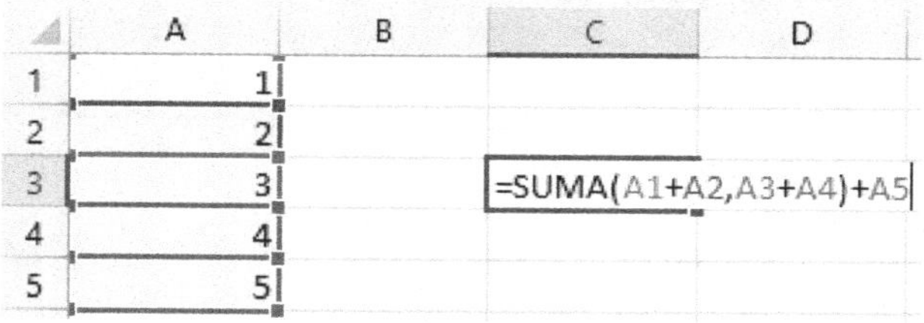

	A	B	C	D
1	1			
2	2			
3	3		=SUMA(A1+A2,A3+A4)+A5	
4	4			
5	5			

Imagen 3.3 Funciones y operadores

Nótese que cada operación (A1+A2 y A3+A4) está en su respectivo argumento (separados por el operador coma) y que +A5 está fuera de la función SUMA. Esta fórmula de la imagen 3.3 es la misma que la que se muestra a continuación, y en la siguiente tabla lo demostramos, desarrollando cada una.

`=SUMA(A1:A5)`

=SUMA(A1:A5)	=SUMA(A1+A2,A3+A4)+A5
=SUMA(1,2,3,4,5)	=SUMA(1+2,3+4)+5
=1+2+3+4+5	=3+7+5
=15	=15

Así que, no hay un solo camino para llegar al resultado correcto cuando se trata de sumar cosas, podemos aplicar el que más nos convenga y seguimos obteniendo una suma correcta.

3.1.1 El valor absoluto

La labor del valor absoluto es **convertir los números reales a positivos**, pero si ya son positivos, así se quedan, como se observa en el siguiente ejemplo.

$$|-2| = -(-2) = 2$$

Imagen 3.4 Labor del valor absoluto

En este libro le daremos dos utilidades al valor absoluto, el primero será para convertir números a positivos cuando queramos transformarlos a números romanos, y el segundo será para convertir a positivos los cálculos de las fechas que realizaremos en el capítulo 8.

3.2 FUNCIÓN PRODUCTO

Para demostrar el actuar de esta función, vamos a hacer tres ejemplos, el primero será un producto de la forma ab, el segundo de la forma $a(bc)$ y el tercero de la forma $a(-bc)$, en donde $\{a, b, c\}$ serán números arbitrarios que nosotros le proporcionemos a Excel.

La función PRODUCTO es la encargada de multiplicar en Excel al igual que el operador asterisco (*) y su estructura es de la forma [$número_n$]. Recordemos que, para esta operación, entran en juego las leyes de los signos[4].

---

4 Si no las recuerdas, te refresco la memoria: multiplicar o dividir por signos iguales nos devolverá un resultado positivo, pero si lo hacemos con signos diferentes, obtendremos un resultado negativo.

	A	B	C	D
1	Tipo de multiplicación	ab	$a(bc)$	$a(-bc)$
2	Dato a	2	2	2
3	Dato b	-4	-4	-4
4	Dato c	-6	-6	-6
5	Fórmula	=PRODUCTO(B2,B3)	=PRODUCTO(C2,C3,C4)	=PRODUCTO(D2,-D3,D4)
6	Resultado	-8	48	-48

Imagen 3.5 Ejemplos con la función PRODUCTO

3.3 FUNCIÓN COCIENTE

La función COCIENTE es la que realiza la tarea del operador de división (/) y consta de dos argumentos **Numerador** y **Denominador**.

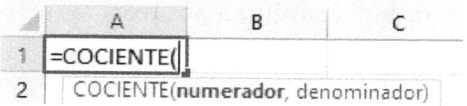

Imagen 3.6 Argumentos de la función COCIENTE

Veamos un ejemplo comparando la labor de esta función y la del operador.

	A	B	C	D
1	1		Formula	Resultado
2	2		=COCIENTE(A1,A2)	0
3			=A1/A2	0.5

Imagen 3.7 Ejemplo con la función COCIENTE y el operador (/)

Tal y como se puede observar en la imagen 3.7, la función COCIENTE únicamente regresa los valores enteros de nuestra división, mientras que el operador de división (/), sí nos regresa decimales.

Ahora, ¿cómo le haríamos para dividir más de dos números? Por ejemplo, si quisiéramos dividir 100 entre 5 y el resultado entre 2.

◢	A	B	C	D
1	100		Formula	Resultado
2	5		=COCIENTE(COCIENTE(A1,A2),A3)	10
3	2		=A1/A2/A3	10

Imagen 3.8 Dividir más de dos números

Con la función COCIENTE, tenemos que anidar otra, en cambio con el operador de división (/) se pueden realizar cuantas divisiones queramos.

Recordemos también, que en la división entran en juego las leyes de los signos, como lo vimos con la multiplicación y como lo veremos en el siguiente ejemplo.

◢	A	B	C	D	E
1	Operación	+ / +	- / -	+ / -	- / +
2	Valor 1	10	-10	10	-10
3	Valor 2	2	-2	-2	2
4	Fórmula	=B2/B3	=C2/C3	=D2/D3	=E2/E3
5	Resultado	5	5	-5	-5

Imagen 3.9 Las leyes de los signos con la división

De esta forma si dividimos entre signos iguales obtendremos un resultado positivo, pero si dividimos entre diferentes, obtendremos un resultado negativo.

3.3.1 Función RESIDUO

La función RESIDUO, como su nombre lo dice, nos devuelve el sobrante de la división que se va a realizar. Esta función requiere de los argumentos **Número** y **Núm_divisor** que a final de cuentas es lo mismo que **Numerador** y **Denominador** de la función COCIENTE. Veamos un ejemplo.

◢	A	B	C	D
1	1		Formula	Resultado
2	2		=RESIDUO(A1,A2)	1
3			=RESIDUO(A1,-A2)	-1

Imagen 3.10 Ejemplo con la función RESIDUO

ⓘ NOTA

El signo del residuo siempre será el mismo que el de **Núm_divisor**.

3.4 LOS DECIMALES

Para estudiar la parte de los decimales, vamos a trabajar con la función PI, la cual no requiere de ningún argumento, simplemente abrimos y cerramos paréntesis. En el modo de edición de la celda podemos ver el valor que nos va a regresar la función PI.

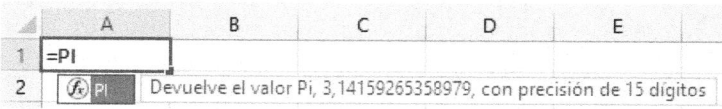

Imagen 3.11 Dígitos de la función PI

	Fórmula	Resultado
2	=PI()	3.1415927

Imagen 3.12 Resultado de la función PI ajustada al ancho de la columna

El tema importante aquí es que Excel nos mostrara los decimales que quepan en la celda, veamos en la imagen 3.13 qué pasa si se reduce el ancho de la columna y en la imagen 3.14 si se amplía.

Fórmula	Resultado
=PI()	3.142

Imagen 3.13 Decimales en una columna pequeña

Fórmula	Resultado
=PI()	3.141592654

Imagen 3.14 Decimales en una columna ancha

Excel redondea el último dígito en caso de que no quepa en la celda, por ejemplo, en la imagen 3.13 el resultado de la función PI es 3.142 y el de la imagen 3.14 es 3.141592654 ¿cómo funciona el redondeo? Si el último digito no visible (en este caso el 5 porque es el que no se está viendo en la imagen 3.14) es mayor o igual a 5, entonces Excel le aumentará una unidad al último dígito visible.

Para poder controlar el número de decimales que queremos ver sin ajustar el ancho de la columna, podemos utilizar las funciones derivadas de REDONDEAR, como se explica a continuación, por ejemplo, para redondear los decimales que arroja la función PI y que solo se desplieguen dos, tendríamos que aplicar la siguiente fórmula.

	A	B	C
1	PI	Funcion	Resultado
2	3.141592654	=REDONDEAR(A2,2)	3.14

Imagen 3.15 Función REDONDEAR

En el primer argumento de esta función va el número a redondear, y en el segundo argumento va el número de decimales que queremos ver.

Tenemos otras funciones además de REDONDEAR que nos permiten hacer esto, pero de una forma más personalizada como se muestra en el siguiente ejemplo.

	A	B	C
1	Decimal	Fórmula	Resultado
2	1.567	=REDONDEAR(A2,1)	1.6
3	1.567	=REDOND.MULT(A3,2)	2
4	1.567	=REDONDEA.IMPAR(A4)	3
5	1.567	=REDONDEA.PAR(A5)	2
6	1.567	=REDONDEAR.MAS(A6,1)	1.6
7	1.567	=REDONDEAR.MENOS(A7,1)	1.5
8	1.567	=ENTERO(A8)	1
9	1.567	=TRUNCAR(A9,2)	1.56

Imagen 3.16 Alternativas para redondear decimales

A continuación, te explico brevemente lo que hace cada función en la siguiente tabla y te muestro sus argumentos.

Fórmula	Función
REDOND.MULT(número, múltiplo)	Redondea el número hacia el múltiplo especificado.
REDONDEA.IMPAR(número)	Redondea el número hasta el siguiente entero impar.
REDONDEA.PAR(número)	Redondea el número hasta el siguiente entero par.
REDONDEAR.MAS(número, decimales)	Redondea el número hacia el siguiente decimal superior.
REDONDEAR.MENOS(número, decimales)	Redondea el número hacia el siguiente decimal inferior.
ENTERO(número)	Redondea el número hasta el siguiente entero inferior.
TRUNCAR(número, [núm_decimales]	Suprime la cantidad decimal.

3.5 POTENCIAS Y RAÍCES

La función POTENCIA nos va a permitir elevar un número a un exponente, mientras que la función RAIZ nos va a permitir extraerle la raíz cuadrada a una cantidad.

	A	B	C
1	Base	Formula	Resultado
2	5	=POTENCIA(A2,2)	25
3	25	=RAIZ(A3)	5
4	8	=A4^(1/3)	2

Imagen 3.17 Funciones exponenciales

Si quisiéramos obtener otro tipo de raíces (no solo la cuadrada) tendríamos que recurrir a los operadores como se observa en la fila 4 de la imagen 3.17 en la que se está obteniendo la raíz tercia de ocho. No entraré en detalles con los temas matemáticos que engloban estas operaciones, pero recordemos que una raíz se puede expresar como una potencia fraccionaria, por eso, es que, para obtener la raíz tercia de ocho, este se puede elevar a la potencia un tercio.

3.6 TRABAJAR CON LOS NÚMEROS

En este apartado veremos un par de funciones que nos servirán, no para hacer operaciones como lo hacían las funciones anteriores, sino para trabajar directamente con los números, por ejemplo, vamos a pedirle a Excel números aleatorios y vamos a transformar números de arábigos a romanos y viceversa.

3.6.1 Números aleatorios

La diferencia entre la función ALEATORIO y ALEATORIO.ENTRE es que la primera devuelve un número decimal aleatorio entre 0 y 1, mientras que la segunda devuelve un valor entero aleatorio entre dos parámetros que nosotros le especifiquemos.

	A	B
1	Función	Resultado
2	=ALEATORIO()	0.37558551
3	=ALEATORIO.ENTRE(1,10)	6

Imagen 3.18 Funciones aleatorias

Una característica particular que tienen estas funciones es que en cada movimiento que hagamos en la hoja de cálculo, los valores aleatorios devueltos cambiarán.

3.6.2 Números romanos y arábigos

Las funciones NUMERO.ROMANO y NUMERO.ARABE nos van a permitir convertir cantidades entre ambos sistemas numéricos.

	A	B	C
1	Número	Fórmula	Resultado
2	-10	=NUMERO.ROMANO(ABS(A2))	X
3	-X	=NUMERO.ARABE(A3)	-10

Imagen 3.19 Funciones para convertir entre sistemas numéricos

Cabe mencionar que, con los números transformados al sistema romano, no podremos realizar operaciones, puesto que son considerados en Excel como texto y no como números. Además, no podremos convertir números negativos arábigos a romanos, por eso le anidamos una función ABS, pero lo curioso es que de números romanos a arábigos si podemos convertirlos, aunque sean negativos.

3.7 ACTIVIDADES PARA REFORZAR LO APRENDIDO

Las actividades de cierre para reforzar lo aprendido en el capítulo tres se describen a continuación.

Actividad 4

Para llenar el registro *Rebaja* de la tabla con encabezados en color naranja de nuestra ficticia empresa con la que trabajaremos en esta actividad, tendrás que multiplicar las llegadas tarde de los empleados por el descuento, puesto que se le tienen que descontar los días que no fueron a trabajar.

Para llenar el registro *Nómina* de la misma tabla, deberás multiplicar el número de empleados por su pago personal y quitarles su rebaja. Para obtener el registro *Bono personal*, deberás dividir el bono entre el número de empleados y si llega a sobrar al no ser una división exacta, la cantidad excedente deberá ser indicada en el registro *Bono restante*.

Para llenar el registro *Ganancia final* de la tabla con encabezados en color azul, deberás sumar las ganancias con las inversiones, con los bonos restantes y con las rebajas de la tabla anterior, y restar los demás campos (pérdidas, mantenimiento y la nómina de la tabla anterior).

Finalmente, en la celda L4, deberás sumar las 3 ganancias finales.

Actividad 5

En esta actividad practicaremos con la multiplicación, el valor absoluto y los números romanos, por ello, en la columna C tendrás que obtener el producto de los números contenidos en las dos columnas previas (A y B), en la columna F tendrás que redondear el resultado obtenido de la columna C utilizando la función de redondeo específica para que solo se vea 1 decimal o ninguno según la función (para REDOND.MULT utiliza múltiplo de 5) y en la columna G tendrás que convertir a números romanos el resultado de la columna F en valor absoluto puesto que no podemos transformar a este sistema números negativos.

Actividad 6

En esta actividad tendrás que sacar el área y el perímetro de algunas figuras geométricas. Si desconoces las fórmulas matemáticas para sacar el área, puedes apoyarte de las siguientes dos tablas.

> ### ⓘ NOTA
>
> El perímetro es la suma de todos los lados de la figura, por eso no hay fórmulas.

Instrucción 1: deberás concatenar la unidad de medida "cm" para los cálculos del perímetro y "cm^2" para las áreas. Puedes omitirlo en el caso del pentágono y del hexágono pues necesitas el cálculo del perímetro para obtener el área.

Instrucción 2: deberás redondear el resultado del perímetro y del área del círculo a dos decimales en las celdas adyacentes, pues al utilizar la función PI, saldrán muchos decimales. Al resultado redondeado puedes concatenarle la unidad de medida.

Figura	Fórmula
Cuadrado	Lado × lado
Rectángulo	Base × altura
Triángulo	(Base × altura) / 2
Pentágono (1)	(Perímetro × apotema) / 2
Hexágono (2)	(Perímetro × apotema) / 2
Rombo (3)	(Diagonal menor × Diagonal mayor) / 2
Círculo	Perímetro: $2\pi r$ (2 × pi × radio)
	Área: πr^2 (pi × radio al cuadrado)

Figura	Nombre
	(1) Pentágono
	(2) Hexágono
	(3) Rombo

Actividad 7

En esta actividad tendrás que sacar volúmenes de algunos prismas. A continuación, podrás ver las fórmulas matemáticas necesarias para realizar esta tarea.

Prisma	Fórmula
Cubo	Lado × lado × lado
Pirámide con base cuadrangular	(Área de la base[5] × altura) / 3
Cilindro	$\pi r^2 h$ (pi × radio al cuadrado × altura)

Instrucción 1: deberás concatenar la unidad de medida "cm^3".

Instrucción 2: deberás redondear el resultado del cilindro a dos decimales en las celdas adyacentes, pues al utilizar la función PI, saldrán muchos decimales. Al resultado redondeado puedes concatenarle la unidad de medida.

---

5   Al ser una base cuadrangular, el área de la base se obtiene con la fórmula del cuadrado.

4

FUNCIONES LÓGICAS

En este capítulo trabajaremos con los condicionales lógicos Si, Y, O, XO, NO y sus aplicaciones, así como sus respectivas funciones y algunas otras complementarias que nos ayudarán a optimizar nuestros cálculos en Excel. A continuación, te muestro las funciones que estudiaremos en este capítulo.

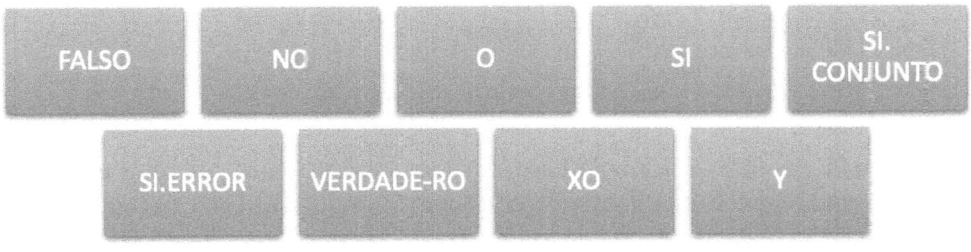

Imagen 4.1 Funciones del capítulo 4

4.1 FUNCIÓN SI

La función SI nos ayuda a resolver una prueba lógica en Excel, en la siguiente imagen podemos observar los argumentos que la función nos pide para operar.

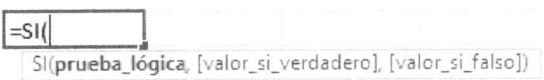

Imagen 4.2 Argumentos de la función SI

▶ **Prueba lógica:** aquí se pone la condición.

▶ **[Valor si verdadero]:** aquí ponemos la respuesta que queremos ver si la prueba lógica resulta verdadera.

▶ **[Valor si falso]:** aquí pondremos la respuesta que queremos ver si la prueba lógica resulta falsa.

Veamos un ejemplo utilizando esta función:

C2				f_x	=SI(B2>=60,"ABROBÓ","REPROBÓ")		
	A	B	C	D	E		
1	Estudiante	Calificación	Situación				
2	213902	50	REPROBÓ				
3	213903	100	ABROBÓ				
4	213904	60	ABROBÓ				
5	213905	75	ABROBÓ				
6	213906	43	REPROBÓ				
7	213907	98	ABROBÓ				
8	213908	10	REPROBÓ				
9	213909	78	ABROBÓ				

Imagen 4.3 Ejemplo con la función SI

En el ejemplo, la fórmula hace la siguiente función: Si el valor en B2 es mayor o igual que 60, entonces mostrar "Aprobó", pero si el valor no es mayor o igual que 60, entonces mostrar "Reprobó".

Suena muy similar a lo que hacían los operadores lógicos ¿cierto? Solo que, con esta función, podemos personalizar la respuesta que queremos ver en la celda si se cumple o no la condición.

Para que quede más claro el ejemplo, observa el siguiente diagrama.

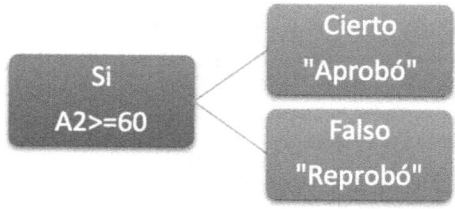

Imagen 4.4 Diagrama del funcionamiento de la función SI

 **NOTA**

En lugar de poner algún texto como "Aprobó" podemos poner una referencia, por ejemplo:

```
=SI(A2>=60,D1,D2)
```

4.2 FUNCIÓN Y

La función Y, al igual que la función SI, nos ayuda a resolver una prueba lógica solamente que con más de un criterio y a diferencia de esta función, no podemos especificar la respuesta. Veamos un ejemplo en la imagen 4.5.

◢	A	B	C	D	E
1	Valor	50		Funcion	Resultado
2	Condicion 1	100		=Y(B1<B2,B1>B3)	VERDADERO
3	Condicion 2	25			

Imagen 4.5 Ejemplo uno con la función Y

En el ejemplo tenemos dos criterios, el primero de ellos es Si B1 es menor que B2 y vemos que esta condición sí se cumple, 50 es menor que 100 y el segundo es Si B1 es mayor que B3 y vemos que esta condición también se cumple, así que como todos los criterios se cumplen, la función regresa **VERDADERO**.

Ahora cambiaremos el valor en B1 de 50 a 110.

◢	A	B	C	D	E
1	Valor	110		Funcion	Resultado
2	Condicion 1	100		=Y(B1<B2,B1>B3)	FALSO
3	Condicion 2	25			

Imagen 4.6 Ejemplo dos con la función Y

Ahora nuestra fórmula nos regresa **FALSO**, analicemos el por qué. La segunda condición se sigue cumpliendo, 110 es mayor que 25, pero la que ya no se cumple es la primera, pues 110 ya no es menor que 100, y como una de las pruebas ya no se cumple, la función nos regresa **FALSO**.

Para que quede más claro, observa el diagrama de la función Y (Imagen 4.7).

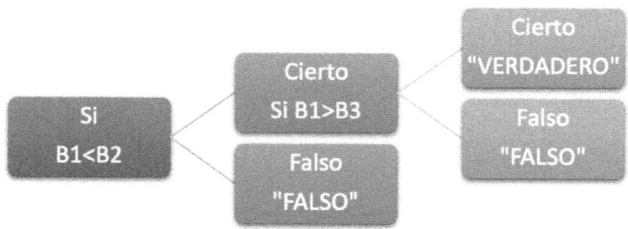

Imagen 4.7 Diagrama del funcionamiento de la función Y

4.3 FUNCIÓN O

La función O, al igual que la función Y evalúa múltiples condiciones lógicas y no podemos personalizar la respuesta, pero la diferencia es la operación que realiza. Veamos un ejemplo comparando la función Y con la función O.

	A	B	C	D	E
1	Valor	110		Funcion	Resultado
2	Condición 1	100		=Y(B2<B3,B1>B3)	FALSO
3	Condición 2	25		=O(B2<B3,B1>B3)	VERDADERO

Imagen 4.8 Comparación de las funciones Y y O

Este es el mismo ejemplo de la imagen 4.6 y se decía de la función Y:

La segunda condición se sigue cumpliendo, 110 es mayor que 25, pero la que ya no se cumple es la primera, pues 110 ya no es menor que 100, por esto la fórmula nos regresa **FALSO**.

Pero en el caso de la función O, con una condición que sí se cumpla, nos regresara **VERDADERO**, sin importar que las demás puedan cumplirse o no.

4.4 FUNCIÓN XO

El condicional **XO** es igual que el condicional **O**, solo que, con una diferencia, la prueba se rechaza si **ninguna** condición se cumple o **todas**, por ejemplo, supongamos que tus amigos te invitaron a un partido de futbol el lunes a las 6:00 pm, pero ese mismo día y a la misma hora van a pasar tu película favorita en la televisión, por lo que tienes que **elegir entre uno u otro, pero no puedes hacer ambas cosas a la vez**.

	A	B	C	D	E
1	Condición	Valor lógico		Función	Resultado
2	Ir al partido de futbol el	1		=XO(B2,B4)	FALSO
3	lunes a las 6:00pm				
4	Quedarme a ver la película el lunes a las 6:00pm	1			

Imagen 4.9 Ejemplo con la función XO

Y ya sabemos que el resultado es **FALSO** porque no podemos realizar ambas actividades al mismo tiempo.

4.5 FUNCIÓN NO

La función NO simplemente lo que hace es convertir de VERDADERO a FALSO y viceversa. Para ejemplificar el operar de esta función utilizaremos como apoyo las funciones VERDADERO y FALSO.

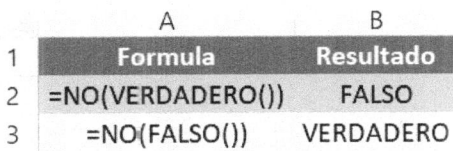

	A	B
1	Formula	Resultado
2	=NO(VERDADERO())	FALSO
3	=NO(FALSO())	VERDADERO

Imagen 4.10 Función NO

4.6 FUNCIÓN SI.CONJUNTO

Esta función, lo que hace es, considerar múltiples pruebas lógicas y en la que se cumpla, allí se detiene, pero si llega a no cumplirse ninguna, la función nos regresará el error **#¡N/D!** Pues esta función no cuenta con un *valor si falso*.

Cada prueba lógica tiene su propio resultado si se cumple, es decir, si la *prueba lógica 1* se cumple, regresara el *valor si verdadero 1*, pero si no se cumple, irá a evaluar la *prueba lógica 2* y si esta se cumple, regresara el *valor si verdadero 2* y así sucesivamente. Veamos un ejemplo:

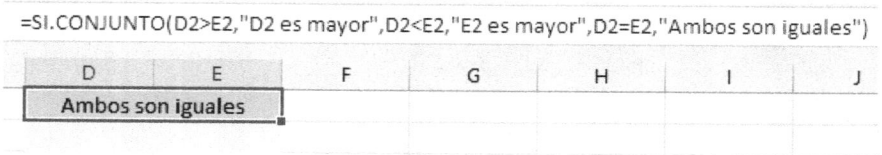

Imagen 4.11 Ejemplo con la función `SI.CONJUNTO`

Analicemos la función:

```
=SI.CONJUNTO(D2>E2,"D2 es mayor",D2<E2,"E2 es mayor" ,D2=E2,"Ambos son
iguales")
```

	Prueba lógica	Valor si verdadero
1	D2>E2	D2 es mayor
2	D2<E2	E2 es mayor
3	D2=E2	Ambos son iguales

Según el resultado ¿qué condición se está cumpliendo, la 1, la 2 o la 3? La respuesta es, la condición 3, pues como ambas celdas están vacías son iguales.

En las imágenes 4.12 y 4.13 se muestran ejemplos en donde se cumplen las otras dos condiciones.

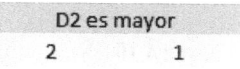

Imagen 4.12 Condición 1 cumplida

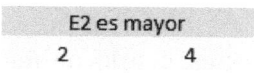

Imagen 4.13 Condición 2 cumplida

Ahora, para demostrar que la función regresa un error si ninguna condición se cumple, vamos a eliminarle la *prueba lógica 3* y su *valor si verdadero* y pondremos en las celdas D2 y E2 los mismos valores.

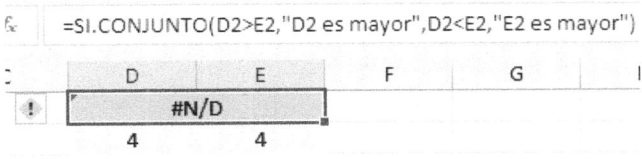

Imagen 4.14 Error en SI.CONJUNTO

4.7 FUNCIÓN SI.ERROR

En este apartado veremos una función bastante útil que nos permitirá darle una mejor apariencia a nuestras hojas de cálculo en presencia de algún error.

La función SI.ERROR, nos ayuda cuando una fórmula devuelve un error, pues en lugar de que aparezca el error como tal, nosotros podemos decirle a la función que muestre un mensaje personalizado, esto más que nada para indicar el porqué del error. Esta función consta con dos argumentos:

▶ **Argumento:** aquí se pone la fórmula a evaluar.
▶ **Valor_si_error:** aquí se pone el mensaje que queremos ver si la fórmula del argumento devuelve un error.

Veamos un ejemplo. Sabemos que obtendremos un error al dividir entre cero, por lo que, si ponemos la fórmula =4/0 con un SI.ERROR anidado con un mensaje alusivo al error, este sería el resultado.

	A	B
1	Función	Resultado
2	=SI.ERROR(4/0,"Error. Dividiste entre cero"	Error. Dividiste entre cero

Imagen 4.15 Ejemplo utilizando SI.ERROR

Como se puede apreciar, el resultado no es **#¡DIV/0!** Sino el mensaje alusivo a lo que hicimos mal.

4.8 ACTIVIDADES PARA REFORZAR LO APRENDIDO

Las actividades de cierre para reforzar lo aprendido en el capítulo cuatro se describe a continuación.

Actividad 8

En esta actividad tendrás que usar la función SI para determinar todos los criterios que un cine busca resolver, en cuestión del costo de sus entradas.

- ▸ En la columna *Costo de la entrada*, tendrás que determinar el precio del boleto, si su entrada es normal, el costo será de $80 y si su boleto es para una función 3D será de $150.

- ▸ En la columna *Precio final* tendrás que sumar el costo de la entrada más el de las palomitas.

- ▸ En la columna *¿Descuento 1?* Tendrás que evaluar si el *precio final* es mayor a $300, si es así, el cliente obtendrá $50 de descuento, sino deberá aparecer el mismo valor que el que tiene en el *precio final*.

- ▸ En la columna *¿Descuento 2?* Tendrás que evaluar si el cliente hizo su *reserva previa*, pues si la hizo, obtendrá $25 de descuento en base al *descuento 1*, sino deberá aparecer el mismo valor que el de *descuento 1*.

- ▸ En la columna *¿Descuento 3?* Tendrás que evaluar si el cliente realizo su *pago en línea*, pues si lo hizo, obtendrá otros $25 de descuento en base al *descuento 2*, sino deberá aparecer el mismo valor que el de *descuento 2*.

- ▸ En la columna *Cupón* tendrás que evaluar si el cliente pagó $300 o más en las palomitas, si es así, obtendrá un cupón de descuento para su próxima visita.

Actividad 9

Para esta actividad, los participantes del sorteo de lotería tendrán la posibilidad de ganar solamente si el número de su boleto es mayor a 5000, si es de nacionalidad mexicana, si estudia y si ha ganado un premio. Para esta actividad utilizarás la función Y.

Actividad 10

Para esta actividad, los participantes de otro sorteo de lotería tendrán la posibilidad de ganar solamente si el número de su boleto es mayor a 2000, o si es de nacionalidad colombiana, o si estudia o si ha ganado un premio.

Pero, para este sorteo en particular, los participantes podrán concursar por un segundo lugar si son de nacionalidad mexicana o si han ganado un premio, **pero no deben tener ambos**. Para esta actividad utilizarás las funciones O y XO.

Actividad 11

Para esta actividad, tendrás que establecer en la columna C, el tipo de reconocimiento que recibirá cada estudiante de una escuela en base a los siguientes criterios:

- ▸ Medalla: solo si el estudiante tiene 100.
- ▸ Diploma: si el estudiante tiene entre 99 y 90.
- ▸ Mención honorifica: si el estudiante tiene entre 89 y 70.
- ▸ Acreditación: si el estudiante tiene entre 69 y 60.

Si ninguna de estas condiciones se cumple, entonces el alumno repetirá el curso. Puedes hacer más grande el ancho de la columna C si lo necesitas. Para esta actividad utilizaras las funciones SI.CONJUNTO y SI.ERROR.

5

FUNCIONES DE BÚSQUEDA Y REFERENCIA

En este capítulo vamos a tratar un par de funciones que nos serán de mucha utilidad en Excel a la hora de buscar un dato, ya sea dentro de una tabla o matriz, o dentro de un rango de celdas, tanto en vertical como en horizontal.

Imagen 5.1 Funciones del capítulo 5

5.1 FUNCIÓN BUSCARV

La función BUSCARV sirve para ubicar un dato, de una columna específica, dentro de una tabla vertical, y requiere de los siguientes argumentos.

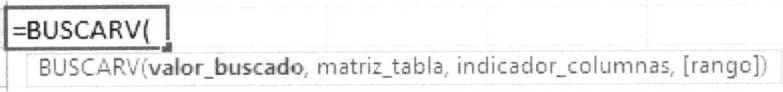

Imagen 5.2 Argumentos de la función BUSCARV

1. **Valor buscado:** celda donde se escribe el dato a buscar.

2. **Matriz tabla:** rango de la tabla a buscar.

3. **Indicador columnas:** columna de la tabla a buscar el resultado.

4. **[Rango]:** tenemos dos posibles opciones (se explica a detalle más adelante):

   a) **FALSO:** coincidencia exacta.

   b) **VERDADERO:** coincidencia aproximada.

Hay tres puntos que son muy importantes que tenemos que aclarar antes de pasarnos a trabajar con esta función, que se exponen a continuación.

1. La función únicamente rastreará el *valor_buscado* en la primera columna de la tabla.

2. En el argumento *matriz_tabla* no se seleccionan los encabezados de esta, únicamente su contenido.

3. En la imagen 5.2, se están mostrando los nombres de los argumentos de la función en Excel 2019, pero si estás trabajando en Excel 2013 o inferiores, los nombres de estos difieren un poco, pero se siguen llenando y trabajan de la misma manera.

	A	B	C	D	E
1	=BUSCARV(				
2	BUSCARV(**valor_buscado**, matriz_buscar_en, indicador_columnas, [ordenado])				

Imagen 5.3 Nombres de los argumentos de la función BUSCARV en Excel 2013

Para que estos conceptos vayan tomando forma, vamos a ilustrarlos, tomando de ejemplo la **actividad 12**, que se encuentra en el libro del capítulo.

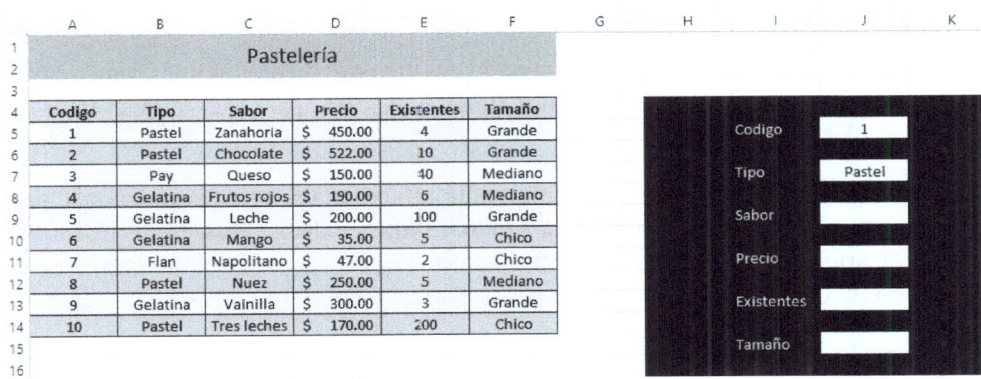

Imagen 5.4 Actividad 12

¿Cómo hacemos para que la función busque el *tipo* de pastel en base a su código? Tomaremos como base la función de ejemplo que contiene este campo para analizarla.

```
=BUSCARV($J$5,$A$5:$F$14,2,FALSO)
```

El primer argumento de la función es una referencia absoluta ($J$5) hacia la celda en la que está el **código del producto** que deseamos encontrar. Se recomienda que esta referencia sea absoluta por si necesitamos copiar o mover la fórmula, la referencia no cambie.

El segundo argumento es un rango ($A$5:$F$14) que hace referencia a la tabla que almacena toda la información y que, como se decía arriba, **los encabezados no se seleccionan**, únicamente se toma el contenido.

El tercer argumento es un número (2), el cual, le indica a la función que debe buscar en la columna dos de la tabla, porque allí se encuentra el tipo de pastel en este caso, si quisiéramos buscar en otra columna, entonces tendríamos que colocar otro número.

El último argumento es un valor lógico (FALSO) que le indica a la función que queremos una coincidencia exacta.

Ahora bien, debemos tomar en cuenta que, si en el último argumento de la función está especificado el valor FALSO y no se encuentra una coincidencia, ésta regresará el error #¡N/D! así que en algunos casos será conveniente obtener un valor aproximado, como lo veremos en el siguiente apartado, o en su defecto, anidarle una función SI.ERROR como también lo veremos más adelante.

5.1.1 El argumento [Rango]

En este apartado vamos a ver cuándo es conveniente recibir una coincidencia **aproximada** y cuándo una **exacta** con la función BUSCARV, para esto trabajaremos en la **actividad 13**.

Cabe mencionar que si este argumento no lo llenamos (al ser opcional), **por defecto**, se va a tomar una **búsqueda aproximada**, es decir, VERDADERO. Recuerda que a este argumento lo puedes encontrar como *[Rango]* o como *[Ordenado]*, según la versión de Excel.

En primer lugar, en la tabla amarilla, en el campo *Venta* debemos hacer que, al escribir un mes entre enero y abril, la función nos arroje el dinero que se obtuvo de las ventas de ese mes, así que escribiremos la siguiente fórmula (debe buscar en la tabla verde).

```
=BUSCARV($H$4,$A$5:$B$8,2,FALSO)
```

Esta búsqueda sí será exacta puesto que queremos que solamente nos arroje la cantidad que se vendió en el mes especificado existente.

Ahora para poder saber, cuantos impuestos tendrá que pagar esta panadería en el mes, según sus ventas, escribiremos esta fórmula en el campo *Impuesto* (ahora debe buscar en la tabla azul).

```
=BUSCARV($H$5,$D$5:$E$7,2,VERDADERO)
```

Damos clic en la tecla entrar y el resultado será el siguiente:

Mes	Enero
Venta	$ 4,000.00
Impuesto	$ 500.00

Imagen 5.5 Diferencias entre búsquedas exactas y aproximadas

El objetivo de esta última fórmula es, que en base al dinero de la venta se pueda obtener la cantidad de impuestos que debe pagar la pastelería, por eso requerimos de una coincidencia aproximada, porque las cantidades de las ventas no coinciden con las cantidades a evaluar de los impuestos, por lo tanto, el operar de la función es, buscar un 4000 en la primera columna de la tabla en color azul, pero al no encontrarlo, buscó un valor que fuera **menor** que 4000, en este caso el de 2500, por eso regresa, que la pastelería debe pagar $500 de impuestos en el mes de enero.

5.1.2 BUSCARV y SI.ERROR anidadas

Retomando la **actividad 12**, si colocamos el número 20 en el campo *Código* de la tabla en color negro, el resultado se verá como el de la imagen 5.6 ¿cierto?

Imagen 5.6 Buscando el código 20

¿Qué podemos hacer para que, en lugar de observar el error, veamos un mensaje alusivo a que no se encontró nada con ese código? ¡Así es! Recurrimos a la función SI.ERROR, anidándola de la siguiente manera:

```
=SI.ERROR(BUSCARV($J$5,$A$5:$F$14,2,FALSO),"No existe")
```

Escribiendo esta fórmula en las celdas correspondientes, tendremos el resultado de la imagen 5.7.

Imagen 5.7 Nuevo resultado para el código 20

Cabe mencionar que si la función SI.ERROR no encuentra un error, devolverá el resultado generado en el *argumento*, como se observa en la imagen 5.8.

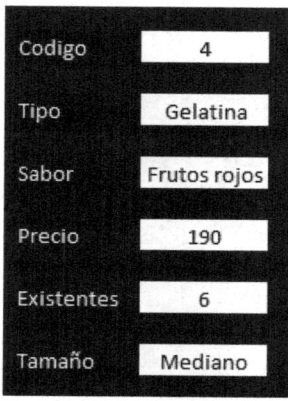

Imagen 5.8 Resultado de la fórmula sin errores

5.2 FUNCIÓN BUSCARH

La función BUSCARH cuenta con los mismos argumentos que la función BUSCARV y funciona exactamente de la misma manera, solamente que, en lugar de buscar en columnas, lo hace en filas.

Si quieres practicar con esta función, puedes copiar la tabla de datos de la panadería de la actividad 12 (como normalmente se hace) y pegarla transpuesta en una hoja de cálculo nueva, esto transformará las columnas en filas y las filas en columnas; para esto necesitas desplegar la opción *Pegar* que se encuentra en la ficha Inicio.

Imagen 5.9 Pegar transpuesta una tabla

5.3 FUNCIÓN BUSCARX

Las funciones BUSCARV y BUSCARH, sirven para ubicar un dato de una columna específica, dentro de una tabla tanto en vertical como en horizontal en Excel 2016 e inferiores respectivamente, pero a partir de Excel 2019, aparece una función amiga[6] de ambas llamada BUSCARX que viene a quitar las limitantes que ambas presentan.

5.3.1 Diferencias entre BUSCARV y BUSCARX

El primer argumento de ambas funciones (*valor_buscado*) no cambia en absoluto, pero todos los demás sí, incluso la cantidad de argumentos también es diferente, pues BUSCARX requiere de 6 argumentos contra 4 de BUSCARV, estos 6 se explican a continuación.

▸ **Matriz buscada:** se selecciona únicamente la columna (o la fila) en donde se va a buscar el *valor_buscado*, es decir, la columna o fila de los códigos.

▸ **Matriz devuelta:** se selecciona únicamente la columna (o la fila) de donde se va a recuperar el dato cuando se localice el *valor_buscado*.

▸ **[Si no se encuentra]:** se coloca un mensaje por si el *valor_buscado* no se encuentra en la tabla. Este argumento hace la labor de la función SI.ERROR anidada en BUSCARV.

▸ **[Modo de coincidencias]:** se explica en el capítulo 5.3.2.

▸ **[Modo de búsqueda]:** se explica en el capítulo 5.3.3.

Igual que como hicimos cuando explicamos el operar de la función BUSCARV, haremos con la función BUSCARX, por eso vamos a poner de ejemplo la **actividad 15**.

---

6 Digo "amiga" porque si menciono que vino a sustituirlas, podrías pensar que BUSCARV y BUSCARH se encuentran en modo compatibilidad en Excel 2019 y no es así, podemos seguir utilizándolas sin problema alguno en esta nueva versión.

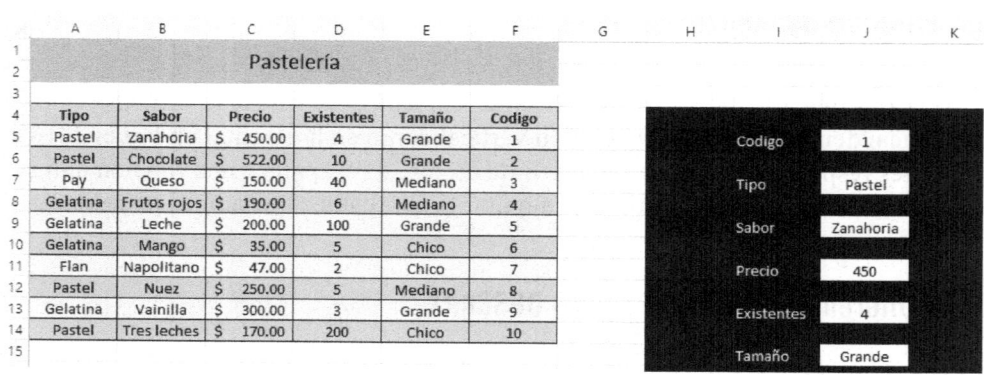

Imagen 5.10 Actividad 15

¿Cómo hacemos para que BUSCARX encuentre el *tipo* de pastel en base a su código? Tomaremos como base la función de ejemplo que contiene este campo para analizarla.

```
=BUSCARX($J$5,$F$5:$F$14,$A$5:$A$14,"NO EXISTE")
```

El primer argumento de la función es una referencia absoluta ($J$5) hacia la celda en la que está el **código del producto** que deseamos encontrar. Se recomienda que sea absoluta por los motivos que ya expusimos.

El segundo argumento es un rango ($A$5:$A$14) que hace referencia, en este caso, a la columna en donde se ubican los códigos y cabe mencionar que **el encabezado no se selecciona**.

El tercer argumento es otro rango ($B$5:$B$14) que hace referencia, en este caso, a donde se ubica el *tipo* de pastel y **el encabezado tampoco se selecciona**.

El cuarto argumento es un texto ("NO EXISTE") que se mostrará únicamente cuando la función no encuentre el código buscado, por ejemplo, si le ponemos como código un 20.

Ahora bien, debemos tomar en cuenta los siguientes dos argumentos ya que también nos pueden ayudar a mejorar la precisión de las búsquedas.

5.3.2 Modo de coincidencia

Tenemos 4 posibles opciones para llenar este argumento de la función BUSCARX, los cuales se muestran en la siguiente imagen.

(...) 0 - Coincidencia exacta
(...) -1 - Coincidencia exacta o el siguiente elemento menor
(...) 1 - Coincidencia exacta o el siguiente elemento mayor
(...) 2 - Coincidencia de caracteres comodín

Imagen 5.11 Opciones de coincidencia

Si no llenamos este argumento, por defecto, BUSCARX va a elegir la **coincidencia exacta (opción 0)** y como vimos con la función BUSCARV, este modo de coincidencia devolverá el valor del código que coincida exactamente con el que se está buscando, pero si no lo encuentra, devolverá un error.

¿Recuerdas también, qué hacía BUSCARV con la coincidencia aproximada? Devolvía un elemento menor al que se estaba buscando si es que no existía una coincidencia exacta, bueno pues con estas otras opciones de la función BUSCARX podemos cambiar esto, al hacer que la función busque un elemento mayor (opción 1) o mantener tal cual el comportamiento de la función BUSCARV (opción -1).

5.3.3 Modo de búsqueda

Para llenar este argumento también tenemos 4 opciones que se muestran en la siguiente imagen.

(...) 1 - Búsqueda del primero al último
(...) -1 - Búsqueda del último al primero
(...) 2 - Búsqueda binaria (orden ascendente)
(...) -2 - Búsqueda binaria (orden descendente)

Imagen 5.12 Opciones de búsqueda

Si no llenamos este argumento, por defecto, BUSCARX va a elegir la **búsqueda del primero al último (opción 1)**. Vamos a revisar en las siguientes dos imágenes cómo BUSCARX busca del primero al último (opción 1) y del último al primero (opción -1).

Codigo	Tipo	Sabor	Precio
1	Pastel	Zanahoria	$ 450.00
2	Pastel	Chocolate	$ 522.00
3	Pay	Queso	$ 150.00
4	Gelatina	Frutos	$ 190.00
5	Gelatina	Leche	$ 200.00
6	Gelatina	Mosaico	$ 35.00
7	Flan	Napolitano	$ 47.00
8	Pastel	Nuez	$ 250.00
9	Gelatina	Vainilla	$ 300.00
10	Pastel	Tres leches	$ 170.00

Imagen 5.13 Búsqueda del primero al último

Codigo	Tipo	Sabor	Precio
1	Pastel	Zanahoria	$ 450.00
2	Pastel	Chocolate	$ 522.00
3	Pay	Queso	$ 150.00
4	Gelatina	Frutos	$ 190.00
5	Gelatina	Leche	$ 200.00
6	Gelatina	Mosaico	$ 35.00
7	Flan	Napolitano	$ 47.00
8	Pastel	Nuez	$ 250.00
9	Gelatina	Vainilla	$ 300.00
10	Pastel	Tres leches	$ 170.00

Imagen 5.14 Búsqueda del último al primero

Una **búsqueda binaria** se realiza, partiendo al conjunto a la mitad y buscando simultáneamente desde el centro hacia los extremos (opción 2) o viceversa (opción -2).

Codigo	Tipo	Sabor	Precio
1	Pastel	Zanahoria	$ 450.00
2	Pastel	Chocolate	$ 522.00
3	Pay	Queso	$ 150.00
4	Gelatina	Frutos Rojos	$ 190.00
5	Gelatina	Leche	$ 200.00
6	Gelatina	Mango	$ 35.00
7	Flan	Napolitano	$ 47.00
8	Pastel	Fresa	$ 250.00
9	Gelatina	Vainilla	$ 100.00
10	Pastel	Tres leches	$ 170.00

Imagen 5.15 Búsqueda binaria ascendente

Codigo	Tipo	Sabor	Precio
1	Pastel	Zanahoria	$ 450.00
2	Pastel	Chocolate	$ 522.00
3	Pay	Queso	$ 150.00
4	Gelatina	Frutos Rojos	$ 190.00
5	Gelatina	Leche	$ 200.00
6	Gelatina	Mango	$ 35.00
7	Flan	Napolitano	$ 47.00
8	Pastel	Fresa	$ 250.00
9	Gelatina	Vainilla	$ 100.00
10	Pastel	Tres leches	$ 170.00

Imagen 5.16 Búsqueda binaria descendiente

De esta forma podemos jugar con los últimos dos argumentos de la función BUSCARX en su forma de realizar la búsqueda y obtenga la coincidencia deseada en base a nuestras conveniencias o necesidades.

5.4 FUNCIÓN COINCIDIR

Esta función nos permite buscar un dato dentro de un rango o lista de elementos. Consta de los siguientes tres argumentos.

▸ **Valor buscado:** se establece la celda o directamente el valor que queremos buscar.

▸ **Matriz buscada:** se establece el rango en donde se va a buscar. Si nuestra matriz tiene encabezados, no se seleccionan, al igual que con BUSCARV.

▸ **Tipo de coincidencia:** puede ser menor que (1), coincidencia exacta (0) o mayor que (-1).

Del ejemplo de la imagen 5.17, podemos observar que el valor que se desea buscar dentro de la matriz (C2:C6) se encuentra en la celda C1, y que estamos buscando una coincidencia exacta (0). ¿Por qué obtenemos un dos como resultado? Porque fue la primera coincidencia que encontró la función, ya que inicia su búsqueda desde la parte superior de la matriz, entonces, en la posición número "2" aparece por primera vez el valor buscado, en este caso *manzana*.

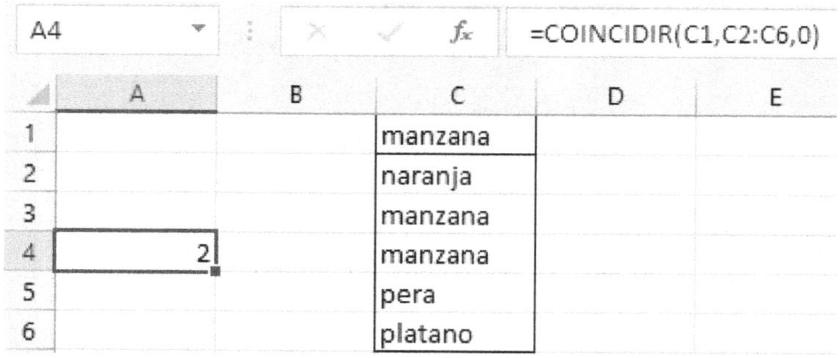

Imagen 5.17 Ejemplo con la función COINCIDIR

Los criterios de búsqueda **Menor que** y **Mayor que** son de más utilidad cuando se buscan datos numéricos. Para texto también funcionan, pero se comportan de una manera diferente.

Para sacarle el máximo provecho a esta función, la vamos a anidar con un BUSCARV, para ello, vamos a tomar de ejemplo la **actividad 15**, que se encuentra en el mismo libro del capítulo.

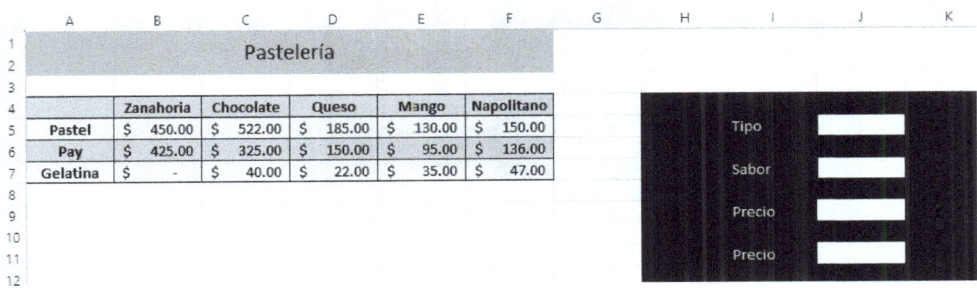

Imagen 5.18 Actividad 15

Primero que nada, en el campo *Tipo* tenemos que crear una **lista desplegable** con los 3 posibles valores para ese campo (Pastel, Pay y Gelatina) y en el campo *Sabor* tenemos que crear otra con los 5 posibles valores que puede tomar ese campo (Zanahoria, Chocolate, Queso, Mango y Napolitano). La explicación de cómo hacer esto se encuentra en la página de Facebook. Cabe mencionar que no es obligatorio crear las listas, puedes escribir tal cual el nombre del tipo del pastel y de su sabor en ambos campos y el ejercicio funciona exactamente igual.

Ya sabes cómo implementar la función BUSCARV y acabamos de ver como se hace con COINCIDIR, así que, en este apartado únicamente voy a ilustrar un par de ideas para que seas tú quien resuelva el ejercicio.

Lo que se quiere lograr es que en base al tipo de pastel y a su sabor se obtenga su precio, es decir, ya no estamos solamente evaluando un campo como lo hacíamos con el código del pastel y BUSCARV, ahora son dos. ¿Cuál es el segundo campo que varía? La **columna** en donde se encuentra el sabor del pastel, es decir, ya no es estática, ahora será dinámica, cambiará según el sabor que se quiere encontrar; entonces ¿en qué argumento de BUSCARV va colocada la función COINCIDIR? ¿Y qué posición debe devolverle a BUSCARV?

ⓘ NOTA

Para este ejercicio, utiliza el campo *Precio* ubicado en la celda J9, el que se encuentra en J11 lo utilizaremos para la función ÍNDICE.

En la imagen 5.19 te muestro el resultado de una búsqueda de ejemplo, en este caso se está solicitando el precio del Pay napolitano; esto con el objetivo de darte una guía y sepas si tus fórmulas están devolviendo resultados correctos.

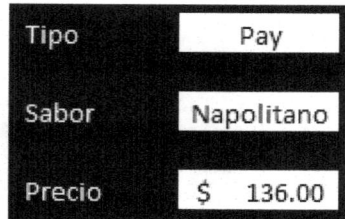

Imagen 5.19 Ejemplo

5.5 FUNCIÓN ÍNDICE

La función ÍNDICE tiene una particularidad única, y es que cuenta con dos estructuras, la primera es la forma **matricial** y la segunda es la forma de **referencia**. De ambas haremos ejemplos para que explotemos al máximo el potencial de esta función. Te recomiendo que primero revises las estructuras de esta función en el diccionario de funciones.

La función ÍNDICE anidada con la función COINCIDIR, viene a ser una alternativa a la función BUSCARV y COINCIDIR; y para demostrarlo vamos a utilizar en el siguiente apartado, la misma **actividad 15**, el campo *Precio* ubicado en la celda J11.

Pero en sí, ¿qué hace esta función? De forma simple, ÍNDICE nos devuelve el valor de la intersección de una fila con una columna. Continúa con la lectura del siguiente apartado, en el que realizaremos un par de ejemplos y expondremos un par de conceptos importantes adicionales.

5.5.1 La función ÍNDICE en su forma matricial

Supongamos que, en este ejemplo, al igual que en el anterior, también queremos obtener el precio del Pay napolitano, pero con la función ÍNDICE tendríamos que aplicar la siguiente fórmula.

```
=ÍNDICE(A4:F7,3,6)
```

Se ve muy simple ¿verdad? Pero el detalle aquí está en que el 3 y el 6 son valores estáticos, ¿y a qué hacen referencia esos números? A continuación, te explico en qué consisten los argumentos de esta función en su forma matricial.

▸ **Matriz:** rango de la tabla a buscar. En esta función **sí** se seleccionan los encabezados a diferencia de BUSCARV.

▸ **Núm_fila:** número de la fila de la matriz que se va a tomar.

▸ **[Núm_columna]:** número de la columna de la matriz que se va a tomar.

Entonces, si dijimos que la función devuelve la intersección de la fila con la columna, de la fórmula que escribimos anteriormente obtenemos como resultado el mismo $136 de la imagen 5.19.

4		Zanahoria	Chocolate	Queso	Mango	Napolitano
5	Pastel	$ 450.00	$ 522.00	$ 185.00	$ 130.00	$ 150.00
6	Pay	$ 425.00	$ 325.00	$ 150.00	$ 95.00	
7	Gelatina	$ -	$ 40.00	$ 22.00	$ 35.00	$ 47.00

Imagen 5.20 Ejemplo con la función ÍNDICE en su forma matricial

Lo que tienes que hacer en la actividad 15 es, reemplazar el 3 y el 6 de la función que utilizamos de ejemplo por funciones COINCIDIR, de tal forma que las funciones anidadas devuelvan el número correspondiente de la fila y de la columna en base al nombre del *Tipo* y del *Sabor* del pastel indicado en la tabla negra.

Te voy a proporcionar la estructura base de la fórmula. La primera función COINCIDIR debe devolver la posición del tipo de pastel y el segundo debe devolver la posición del sabor del pastel.

```
=ÍNDICE(A4:F7,COINCIDIR(J5,…),COINCIDIR(J7,…))
```

5.5.2 La función ÍNDICE en su forma referencial

Pero la función ÍNDICE puede hacer mucho más que sustituir a BUSCARV con COINCIDIR. Para demostrar el verdadero potencial de esta función en su forma referencial, vamos a trabajar en la **actividad 16**.

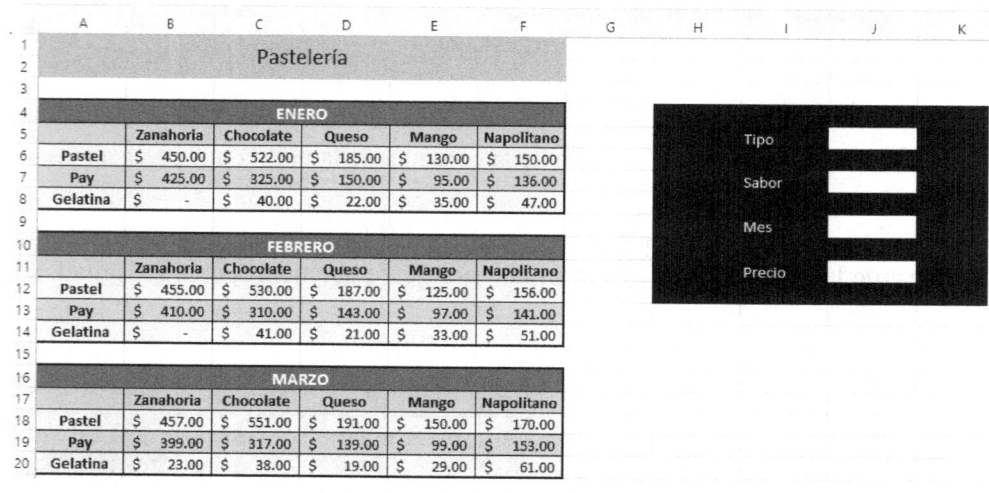

Imagen 5.21 Actividad 16

Ahora tenemos 3 tablas o matrices en las que podemos consultar los diferentes precios de los mismos productos en los meses de enero, febrero y marzo, pero antes de comenzar, vamos a crear las listas desplegables correspondientes. Para el campo *Mes*, utiliza los valores del rango (M2:M4), nuevamente, no son necesarias, pero si es recomendable.

A continuación, vamos a explicar la estructura referencial de la función ÍNDICE.

▶ **Ref:** rangos de las tablas a buscar. En esta función **sí** se seleccionan los encabezados a diferencia de BUSCARV. Todos los rangos se agrupan entre un par de paréntesis y cada uno se separa con una coma.

▶ **Núm_fila:** número de la fila de la matriz que se va a tomar.

▶ **[Núm_columna]:** número de la columna de la matriz que se va a tomar.

▶ **[Núm_área]:** número de la tabla en la que se desea buscar.

Ahora supongamos que, queremos obtener el precio del Pay napolitano, pero esta vez del mes de enero, tendríamos que aplicar la siguiente fórmula.

```
=ÍNDICE((A5:F8,A11:F14,A17:F20),3,6,1)
```

Parece más compleja ¿verdad? Pero, lo único que estamos haciendo es, indicarle a la función ÍNDICE los rangos de las tres tablas, el primero se encuentra en (A5:F8), el segundo en (A11:F14) y el tercero en (A17:F20). Los siguientes dos argumentos ya sabes a lo que apuntan, y el tercer argumento le indica a la función que queremos que busque el dato en la primera matriz.

Si ya completaste la fórmula de la actividad anterior, déjame decirte que te servirá igual para esta actividad, pues lo único nuevo que habrá que agregar son las referencias a las tablas obviamente y una nueva función COINCIDIR para que, según el nombre del mes, la función ÍNDICE sepa a qué matriz estamos haciendo referencia.

```
=ÍNDICE((A5:F8,A11:F14,A17:F20),COINCIDIR(J5,…),
  COINCIDIR(J7,…),COINCIDIR(J9,…))
```

¿Por qué si las referencias de las funciones COINCIDIR apuntan únicamente a la estructura de la primera matriz, funcionan para cualquiera de las tres? ¡Así es! Porque las tres cuentan con la misma estructura.

5.6 ACTIVIDADES PARA REFORZAR LO APRENDIDO

Las actividades de cierre para reforzar lo aprendido en el capítulo cinco se describen a continuación.

Actividad 12

Para esta actividad trabajaras con la función BUSCARV como se explicó en el capítulo 5.1.

Para demostrar que la función BUSCARV efectivamente optimiza múltiples funciones SI anidadas, en la celda M9 intenta hacer lo mismo que hace BUSCARV, pero con funciones SI.

Actividad 13

Para esta actividad completa la tabla amarilla como se vio en el apartado *El argumento [Rango]*.

Actividad 14

Para esta actividad trabajaras con la función BUSCARX como se explicó en el capítulo 5.3.

Actividad 15

Para esta actividad trabajaras con la función COINCIDIR como se explicó en el capítulo 5.4 y con la función ÍNDICE como se explicó en el capítulo 5.5.1.

Actividad 16

Para esta actividad trabajaras con la función ÍNDICE como se explicó en el capítulo 5.5.2.

6

FUNCIONES DE ESTADÍSTICA

En este capítulo veremos tres operaciones del área de la estadística: el promedio, la mediana y la moda, así como un par de funciones para contar y algunas otras funciones que nos permitirán evaluar si un número es mayor o menor que otro y qué tanto.

Imagen 6.1 Funciones del capítulo 6

6.1 FUNCIÓN PROMEDIO

El **promedio muestral** o **media aritmética** es una operación que pertenece al área de la estadística y que sirve para conocer un **término medio** de un grupo. Esta operación se obtiene de sumar todos los valores a promediar y dividir esa suma entre la cantidad de elementos. Vamos a aplicar esta operación a Excel con un ejemplo. En la imagen 6.2 se están promediando los valores del rango (B2:B13), que corresponde a la venta por mes del año (12 meses), es decir, se suman todos los valores del rango y se dividen entre 12 (porque son 12 elementos) y el resultado da: $5021.33.

	A	B	C	D	E
1	Mes	Venta			
2	Enero	$ 4,000.00		=PROMEDIO(B2:B13)	$ 5,021.33
3	Febrero	$ 4,600.00			
4	Marzo	$ 5,200.00			
5	Abril	$ 6,700.00			
6	Mayo	$ 3,100.00			
7	Junio	$ 4,000.00			
8	Julio	$ 5,200.00			
9	Agosto	$ 5,870.00			
10	Septiembre	$ 5,895.00			
11	Octubre	$ 4,000.00			
12	Noviembre	$ 6,491.00			
13	Diciembre	$ 5,200.00			

Imagen 6.2 Ejemplo con la función PROMEDIO

6.2 FUNCIÓN MODA

La moda, es otra operación estadística que nos permite conocer el dato que más se repite en un conjunto de elementos. Si no hay ningún dato que se repita en más de una ocasión, la función MODA.UNO en regresará el error #¡N/D!

Es importante mencionar que, esta función ha sufrido bastantes variaciones, que te explico a continuación, pero que igual puedes consultarlas en el diccionario de funciones. Para Excel 2007 e inferiores la función que debemos emplear para realizar esta operación es MODA, para Excel 2010 es MODO, pero ya aparece en modo compatibilidad puesto que nace MODA.UNO, después, la función MODO vuelve a llamarse MODA a partir de Excel 2010 Service Pack 1.

Vamos a continuar con el ejemplo anterior. Podemos ver en la imagen 6.3 que los valores que más se repiten son el $4000, que se repite 3 veces (B2, B7, B11) y el $5200 que también se repite 3 veces (B4, B8, B13), pero ¿por qué la función nos regresa 4000? Porque fue el valor que encontró primero.

	A	B	C	D	E
1	**Mes**	**Venta**			
2	Enero	$ 4,000.00		=PROMEDIO(B2:B13)	$ 5,021.33
3	Febrero	$ 4,600.00		=MODA.UNO(B2:B13)	4000
4	Marzo	$ 5,200.00			
5	Abril	$ 6,700.00			
6	Mayo	$ 3,100.00			
7	Junio	$ 4,000.00			
8	Julio	$ 5,200.00			
9	Agosto	$ 5,870.00			
10	Septiembre	$ 5,895.00			
11	Octubre	$ 4,000.00			
12	Noviembre	$ 6,491.00			
13	Diciembre	$ 5,200.00			

Imagen 6.3 Aplicando la moda a Excel

6.2.1 Funciones matriciales en Excel 2019

La función MODA.VARIOS resuelve el problema anterior, pues lo que hace es, regresar una matriz vertical de los datos que se repiten en más de una ocasión y al igual que la función MODA.UNO, si no hay ningún dato que tenga por lo menos dos apariciones, esta función nos regresará el error #¡N/D!

Emplear fórmulas matriciales en Excel 2019 es bastante sencillo, pero en versiones anteriores si se llega a complicar un poco, por lo que, en el siguiente apartado, se explica con detalle cómo emplear fórmulas matriciales en versiones inferiores de Excel.

Siguiendo con nuestro ejemplo, en la celda G2 vamos a insertar la siguiente fórmula, como se observa en la imagen 6.4.

```
=MODA.VARIOS(B2:B13)
```

	A	B	C	D	E	F	G
1	Mes	Venta					=MODA.VARIOS(B2:B13)
2	Enero	$ 4,000.00		=PROMEDIO(B2:B13)	$ 5,021.33		4000
3	Febrero	$ 4,600.00		=MODA.UNO(B2:B13)	4000		5200
4	Marzo	$ 5,200.00		=MEDIANA(B2:B13)	$ 4,600.00		
5	Abril	$ 6,700.00					
6	Mayo	$ 3,100.00					
7	Junio	$ 4,000.00					
8	Julio	$ 5,200.00					
9	Agosto	$ 5,870.00					
10	Septiembre	$ 5,895.00					
11	Octubre	$ 4,000.00					
12	Noviembre	$ 6,491.00					
13	Diciembre	$ 5,200.00					

Imagen 6.4 Función MODA.VARIOS

¿Te recuerda a algo este resultado? ¡Así es! Al comportamiento inesperado de la función CONCATENAR y es que Microsoft, para evitarle un error al usuario, lo que hizo fue convertir la función CONCATENAR en una **función matricial**.

Según el número de valores que se repitan (en este caso solo se repiten 2, el 4000 y el 5200) será el número de celdas adyacentes en las que la función **desborde**. Si recordamos el ejemplo de la imagen 2.3, la función CONCATENAR nos desbordaba 4 celdas, que era la cantidad de elementos que intentábamos concatenar del rango (C2:C5).

6.2.2 Funciones matriciales en Excel 2016 e inferior

En este apartado vamos a ver cómo manejar las funciones matriciales en Excel 2016 y versiones anteriores retomando el ejemplo anterior con la función MODA.VARIOS en Excel 2013.

Para trabajar con funciones matriciales en Excel 2019, primero se escribe la fórmula y de esta deriva un **área de derrame**, pero en Excel 2013 es al revés, primero, debemos seleccionar nosotros mismos el *área de derrame* por decirlo así, que será el conjunto de celdas que van a pertenecer a la **matriz**, pero como no sabemos cuántas celdas se van a ocupar (en este caso sí por el ejemplo que ya realizamos), debemos seleccionar un aproximado, así que, para este caso, seleccionaremos tres celdas.

Después escribimos la siguiente fórmula como normalmente lo haríamos, en cualquier celda del rango seleccionado.

```
=MODA.VARIOS(B2:B13)
```

Pero después, no podemos simplemente dar clic a la tecla entrar, debemos presionar la siguiente combinación de teclas: CONTROL + SHIFT + ENTRAR. Esto arrojará un resultado como el siguiente.

E2	▼	:	×	✓	f_x	{=MODA.VARIOS(B2:B13)}

	A	B	C	D	E
1	**Mes**	**Venta**			
2	Enero	$ 4,000.00			4000
3	Febrero	$ 4,600.00		={MODA.VARIOS(B2:B13)}	5200
4	Marzo	$ 5,200.00			#N/A
5	Abril	$ 6,700.00			
6	Mayo	$ 3,100.00			
7	Junio	$ 4,000.00			
8	Julio	$ 5,200.00			
9	Agosto	$ 5,870.00			
10	Septiembre	$ 5,895.00			
11	Octubre	$ 4,000.00			
12	Noviembre	$ 6,491.00			
13	Diciembre	$ 5,200.00			

Imagen 6.5 Resultado de una fórmula matricial

Podemos ver en la barra de fórmulas que se le han agregado unas llaves a nuestra fórmula y que aparece en las 3 celdas de la matriz.

```
={MODA.VARIOS(B2:B13)}
```

También podemos observar que en la tercera celda de la matriz tenemos un error, esto porque solamente tenemos 2 valores que se repiten en más de una ocasión (como vimos en la imagen 6.4) y seleccionamos 3 celdas.

Podríamos pensar que para quitar el error podemos eliminar la fórmula de la celda E4, pero ¡No! Una vez creada la matriz, no podemos modificarla. Entonces ¿se puede arreglar este error? Desgraciadamente no, en todo caso, lo mejor sería anidar una función SI.ERROR.

Ahora bien, no podemos modificar el tamaño de la matriz, pero la fórmula en su interior sí, por ejemplo, vamos a cambiar el rango (B2:B13) por (B2:B12) y para guardar los cambios debemos presionar nuevamente la combinación de teclas CONTROL + SHIFT + ENTRAR.

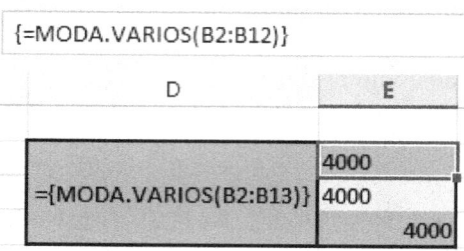

Imagen 6.6 Cambiar la fórmula de una matriz

Al excluir el último $5200 (B13), la función MODA.VARIOS solamente encuentra un dato que se repite en más de una ocasión, por lo que, para evitarle un error al usuario, lo repite en todas las celdas de la matriz.

Entonces, si no podemos eliminar las fórmulas de la matriz ¿cómo la podemos eliminar por completo? La respuesta es, seleccionándola y utilizar el comando **Borrar todo** que se encuentra en la **Ficha Inicio / Grupo Edición[7] / Borrar**.

6.3 FUNCIÓN MEDIANA

La mediana es otra operación estadística que nos permite conocer el **dato central** de un conjunto. La diferencia que tiene con el promedio es que el valor seleccionado por la mediana es un **elemento del conjunto** y éste debe estar **ordenado de menor a mayor**.

El tema de ordenar rangos en Excel se explica en el capítulo 10.1 y en la página de Facebook.

Del ejemplo que hemos llevado a cabo, después de ordenar los datos en la imagen 6.7, a la mitad quedan **dos valores**, la venta del mes de marzo y del mes de julio, por lo tanto, la función obtiene el promedio de ambos datos **(5200 + 5200) ÷ 2 = 5200**.

Si tuviéramos una cantidad impar de datos (en este ejemplo tenemos una cantidad par), la función simplemente selecciona el dato que está a la mitad sin hacer ninguna otra cosa.

---

7   El nombre de este grupo cambia según la versión de Excel, así que también lo puedes encontrar como grupo Modificar.

	A	B	C	D	E
1	**Mes**	**Venta**			
2	Mayo	$ 3,100.00		=PROMEDIO(B2:B13)	$ 5,021.33
3	Enero	$ 4,000.00		=MODA.UNO(B2:B13)	4000
4	Junio	$ 4,000.00		=MEDIANA(B2:B13)	$ 5,200.00
5	Octubre	$ 4,000.00			
6	Febrero	$ 4,600.00			
7	Marzo	$ 5,200.00			
8	Julio	$ 5,200.00			
9	Diciembre	$ 5,200.00			
10	Agosto	$ 5,870.00			
11	Septiembre	$ 5,895.00			
12	Noviembre	$ 6,491.00			
13	Abril	$ 6,700.00			

Imagen 6.7 Aplicando la mediana a Excel

6.4 FUNCIONES PARA CONTAR

En este apartado vamos a trabajar con todas las funciones derivadas de la función CONTAR, las cuales nos servirán para obtener un conteo de celdas con ciertas características.

6.4.1 CONTAR, CONTARA, CONTAR.BLANCO

En base al ejemplo de la imagen 6.8, vamos a basar la explicación de las tres funciones que se mencionan en el título de este apartado.

	A	B	C	D
1	1		**Fórmulas**	
2	Excel		=CONTAR(A1:A4)	3
3	2		=CONTARA(A1:A4)	4
4	365		=CONTAR.SI(A1:A4,">1")	2
5			=CONTAR.BLANCO(A1:A4)	0

Imagen 6.8 Funciones para contar en Excel

La función CONTAR, lo que hace es, devolver el número de celdas del rango seleccionado que únicamente contengan **números**, en este caso podemos ver que la función, que se muestra a continuación obtiene por resultado un 3, esto es porque del rango (A1:A4), únicamente contienen números tres de ellas. Cabe mencionar que la función CONTAR **no cuenta** las celdas que contienen texto y números juntos ni que estén vacías.

```
=CONTAR(A1:A4)
```

La función CONTARA devuelve el número de celdas del rango seleccionado que se encuentren **no vacías**, en este caso podemos ver que la función, que se muestra a continuación obtiene por resultado un 4, esto es porque del rango (A1:A4), todas las celdas tienen algún tipo de contenido.

```
=CONTARA(A1:A4)
```

La función CONTAR.BLANCO, como su nombre lo indica, devuelve el número de celdas del rango seleccionado que únicamente se encuentren **vacías**, en este caso la función que se muestra a continuación obtiene por resultado un 0, esto es porque del rango (A1:A4), no se encuentran celdas vacías.

```
=CONTAR.BLANCO(A1:A4)
```

6.4.2 CONTAR.SI

Esta función cuenta con dos argumentos, **rango** y **criterio**. El criterio es la condición lógica que se debe cumplir para contar las celdas y en el rango especificamos las celdas que queremos evaluar.

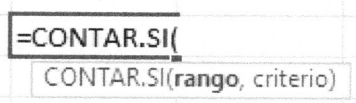

Imagen 6.9 Argumentos de la función CONTAR.SI

Un punto **muy importante** que quiero aclarar entre las funciones SI y CONTAR.SI es que el criterio en la función SI no lleva comillas, es decir, podemos poner la siguiente fórmula sin ningún problema.

```
=SI(A2>=60,"Aprobó","Reprobó")
```

Pero en la función CONTAR.SI tenemos que ponerlo entre comillas ya que el rango y el criterio están en dos argumentos diferentes en comparación con la función SI en la que ambos se colocan en el mismo argumento.

Ahora sí, podemos pasar a la explicación de esta función. CONTAR.SI devuelve el número de celdas del rango seleccionado que cumplan con el criterio especificado, por ejemplo, en el caso de la imagen 6.8 podemos ver que la función que se muestra a continuación obtiene por resultado un "2", esto es porque del rango (A1:A4), solo hay dos celdas cuyo contenido es mayor que uno, es decir, que cumplen con la condición.

```
=CONTAR.SI(A1:A4,">1")
```

Esta función se aplica tanto para números como para texto, por ejemplo, si pusiéramos la siguiente fórmula, el resultado sería "1", pues solo una celda de ese rango cumple con esa condición.

```
=CONTAR.SI(A1:A4,"Excel")
```

TIP: en la función CONTAR.SI, al estar el rango y el criterio separados, se puede omitir el signo igual, si se quiere realizar una búsqueda exacta.

6.4.3 Un comodín de búsqueda

Supongamos que tenemos una tabla de los empleados y de las empleadas que una empresa contrató y se quiere contar a todos los informáticos, sean hombres o mujeres, ¿cómo lo harías?

	A	B	C
1	Código de empleado	Nombre	Puesto
2	1	ESTEBAN	INFORMATICO
3	2	KARLA	INFORMATICA
4	3	JORGE	INFORMATICO
5	4	DANIEL	TÉCNICO
6	5	PAOLA	TÉCNICA
7	6	JUAN	TÉCNICO
8	7	RICARDO	INFORMATICO
9	8	ELIZABETH	TÉCNICA

Imagen 6.10 Ejemplo para utilizar el comodín

Si usáramos tradicionalmente la función `CONTAR.SI` tendríamos que hacer dos fórmulas, una para los informáticos y otra para las informáticas y sumar ambos resultados, afortunadamente el operador asterisco (*) viene a salvarnos el día, por ejemplo, ¿qué está haciendo el operador en esta fórmula?

```
=CONTAR.SI(C2:C9,"INFORMATIC*")
```

Lo que hace es: contar las celdas en la que esté la palabra "INFORMATIC…" en donde los puntos suspensivos significan que puede seguir lo que sea, incluso más palabras. El resultado de la fórmula es 4 y efectivamente, ese es el número de informáticos e informáticas que la empresa tiene contratados.

Ahora vamos a poner un caso más específico, en donde todos los empleados (hombres o mujeres) son ingenieros, pero solo queremos contar a los especialistas en sistemas, ya sea en sistemas simples o en sistemas automáticos.

	A	B	C
1	Código de empleado	Nombre	Puesto
2	1	ESTEBAN	INGENIERO EN SISTEMAS SIMPLES
3	2	KARLA	INGENIERA EN SISTEMAS AUTO
4	3	JORGE	INGENIERO EN SISTEMAS AUTO
5	4	DANIEL	INGENIERO EN INFORMATICA
6	5	PAOLA	INGENIERA EN INFORMATICA
7	6	JUAN	INGENIERO EN INFORMATICA
8	7	RICARDO	INGENIERO EN SISTEMAS SIMPLES
9	8	ELIZABETH	INGENIERO EN SISTEMAS AUTO

Imagen 6.11 Ejemplo más específico para utilizar el comodín

Para resolver el problema, requeriremos de dos comodines, ubicándolos de la siguiente manera:

```
=CONTAR.SI(C2:C9,"INGENIER* EN SISTEMAS *")
```

La primera parte de la fórmula va a buscar a los "INGENIER… EN SISTEMAS …" pues al haber texto después del comodín, la función `CONTAR.SI` excluirá a los "INGENIER…" que tengan una palabra diferente a "EN", por ejemplo, los siguientes textos no son contados por esta fórmula:

Texto	Por qué no es contado
INGENIERÍA ES FÁCIL	Porque sí o sí debe estar la palabra "EN" después de "INGENIER…"
INGENIERO ENERO	Porque "EN" ≠ "ENERO" y para esta palabra no hay comodín.
INGENIERO DE SISTEMAS EN	Porque hay más palabras entre "INGENIER…" y "EN".

Y el último comodín ya vimos en el primer ejemplo para qué sirve, aplicándolo a este caso, permite reconocer a los ingenieros en sistemas simples y automáticos. El resultado de esta fórmula es 5 y es un resultado correcto.

ⓘ NOTA

Este operador no nos servirá para hacer operaciones de igualdad, por ejemplo, si en la celda A1 tenemos INGENIERO y escribimos en la celda B1 la siguiente fórmula:

```
=SI(A1="INGENIER*","FUNCIONÓ","NO FUNCIONÓ")
```

El resultado será: NO FUNCIONÓ, por lo que, una alternativa sería anidar una función O:

```
=SI(O(A1="INGENIERO",A1="INGENIERA"),"FUNCIONÓ","NO FUNCIONÓ")
```

6.4.4 CONTAR.SI.CONJUNTO

Esta función es bastante interesante, pues mezcla las ventajas de CONTAR.SI y de SI.CONJUNTO, pues podemos filtrar la búsqueda y contar los resultados obtenidos. Esta función mantiene tal cual la estructura de SI.CONJUNTO.

Vamos a ver un ejemplo en donde tenemos 8 ventas, cada una con su respectivo tipo de envío (nacional o internacional), el monto de la venta y el mes en que se realizó. Lo que haremos será contar las ventas con envío nacional, que superen los $2000 y que se hayan realizado en el mes de enero.

	A	B	C	D	E
1	Envío	Venta	Mes		3
2	Nacional	$ 4,900.00	Enero		
3	Nacional	$ 7,000.00	Enero		
4	Internacional	$ 3,900.00	Marzo		
5	Internacional	$ 1,833.00	Enero		
6	Nacional	$ 186.00	Agosto		
7	Internacional	$ 19,056.00	Agosto		
8	Nacional	$ 3,792.00	Enero		
9	Internacional	$ 5,679.00	Marzo		

Imagen 6.12 Ejemplo con la función CONTAR.SI.CONJUNTO

Vamos a analizar la función y sus argumentos.

```
CONTAR.SI.CONJUNTO(A2:A9,"Nacional",B2:B9, ">2000",C2:C9,"Enero")
```

Podemos inferir, que al igual que con la función SI.CONJUNTO, los argumentos de CONTAR.SI.CONJUNTO se llenan por pares; o como si tuviéramos muchas funciones CONTAR.SI, recordando que esta función tenía dos argumentos, rango y criterio, así también esta función, cada *rango$_n$* va acompañado de su *criterio$_n$*, por ejemplo, el *rango$_1$* (A2:A9) va acompañado por su *criterio$_1$* "Nacional".

El primer criterio de esta fórmula va a discriminar los registros con envíos internacionales, el segundo criterio, de los registros que hayan quedado del primer filtro, va a discriminar las ventas menores a dos mil pesos y el tercer criterio, va a discriminar las ventas que no se hayan hecho en el mes de enero.

Por lo tanto, solo quedaron 3 registros, como se observa en la siguiente imagen (para identificar en cual criterio fueron discriminados los registros, se les va a asignar un número).

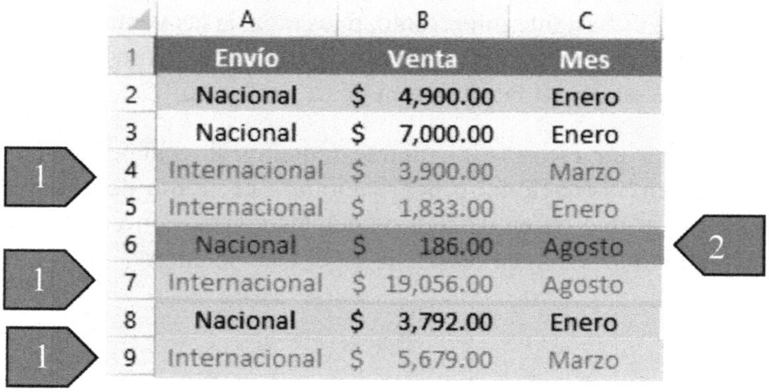

	A	B	C
1	Envío	Venta	Mes
2	Nacional	$ 4,900.00	Enero
3	Nacional	$ 7,000.00	Enero
4	Internacional	$ 3,900.00	Marzo
5	Internacional	$ 1,833.00	Enero
6	Nacional	$ 186.00	Agosto
7	Internacional	$ 19,056.00	Agosto
8	Nacional	$ 3,792.00	Enero
9	Internacional	$ 5,679.00	Marzo

Imagen 6.13 Registros eliminados

Los registros 4, 5, 7 y 9 se descartan en el primer filtro porque son envíos internacionales. El registro 6 se descarta en el filtro número dos porque la compra es menor a $2000 y aunque fuera mayor, se descartaría en el filtro número tres pues la compra no se realizó en el mes de enero.

6.5 NÚMEROS MAYORES Y MENORES

Las funciones que veremos en este apartado nos ayudarán a obtener ciertos valores más pequeños o grandes de un conjunto de datos, así como para restringir la búsqueda de estos valores con ciertos criterios.

6.5.1 MIN y MAX

La función `MIN` nos devuelve el valor más pequeño en un rango de celdas mientras que la función `MAX` nos devuelve el valor más alto, tal y como se puede observar en la siguiente imagen.

	A	B	C
1	10		=MIN(A1:A5)
2	20		10
3	30		
4	40		=MAX(A1:A5)
5	50		50

Imagen 6.14 Función `MIN` y `MAX`

6.5.2 K.ESIMO.MENOR y MAYOR

La función `K.ESIMO.MENOR` nos permite elegir el k-ésimo valor más pequeño, como el primero, el segundo, el tercero, etcétera, lo que nos permite tener más interacción con los datos a diferencia de con la función `MIN`.

	A	B	C
1	10		=K.ESIMO.MENOR(A1:A5,2)
2	20		20
3	30		
4	40		=K.ESIMO.MENOR(A1:A5,4)
5	50		40

Imagen 6.15 Función `K.ESIMO.MENOR`

El último argumento de la función, que en la imagen 6.15 es un 2 en la primera fórmula y un 4 en la segunda, representa el valor a buscar, en este caso se buscará el segundo y el cuarto valor más pequeño en el rango (A1:A5) respectivamente.

Contrario a la función anterior, la función K.ESIMO.MAYOR nos permite elegir el k-ésimo valor más grande, como el primero, el segundo, el tercero, etcétera, lo que nos permite tener más interacción con los datos a diferencia de con la función MAX.

▲	A	B	C
1	10		=K.ESIMO.MAYOR(A1:A5,2)
2	20		40
3	30		
4	40		=K.ESIMO.MAYOR(A1:A5,4)
5	50		20

Imagen 6.16 Función K.ESIMO.MAYOR

Al igual que con la función K.ESIMO.MENOR, el último argumento de K.ESIMO.MAYOR es el k-ésimo valor a buscar.

6.5.3 MIN y MAX.SI.CONJUNTO

Ya conocemos a la función MAX y a la función SI.CONJUNTO, por lo que no requerimos de mayores explicaciones para entender a MAX.SI.CONJUNTO, pues es una mezcla de ambas, pero a diferencia de SI.CONJUNTO, esta función cuenta con un argumento adicional que sí vamos a tocar.

El primer argumento de la función MAX.SI.CONJUNTO es *rango_max*, el cual se llenará con un rango, desde el que se obtendrá el número mayor.

Por ejemplo, en la imagen 6.17 podemos ver una tabla con 3 campos y que el resultado de la fórmula en la celda E2 es 89, ¿por qué? Porque ese fue el número más grande que la función encontró en base a las restricciones que le pusimos en los criterios, que vamos a explicar a continuación.

```
=MAX.SI.CONJUNTO(A2:A9,B2:B9,"Enero",C2:C9, ">2000")
```

De la función anterior, podemos observar que el primer argumento se llena con el rango (A2:A9), con esto le indicamos a la función que queremos que devuelva el número más grande que se encuentre de la columna "Envíos" tomando en cuenta las restricciones, que son, que los envíos se hayan hecho en el mes de Enero (B2:B9,"Enero") y que el valor de la venta sea mayor a $2000 (C2:C9,">2000").

	A	B	C	D	E
1	Envíos	Mes	Venta		
2	54	Enero	$ 4,900.00		89
3	57	Enero	$ 7,000.00		
4	90	Marzo	$ 3,900.00		
5	21	Enero	$ 1,833.00		$ 3,792.00
6	79	Agosto	$ 186.00		
7	13	Agosto	$ 19,056.00		
8	89	Enero	$ 3,792.00		
9	96	Marzo	$ 5,679.00		

Imagen 6.17 Función MAX.SI.CONJUNTO

Podemos utilizar un BUSCARV para interpretar el resultado que arrojó la función MAX.SI.CONJUNTO, pues como se observa en la imagen 6.17, el resultado es literalmente 89, no nos dice nada más, así que, en la celda E4 pasamos a implementar un BUSCARV en donde el *valor buscado* es ese 89, con el fin de obtener la cantidad de la venta en base a los envíos encontrados por la función anterior, como se muestra en el ejemplo (en este caso $3792), aunque bien, se pudo buscar de igual manera el mes en que se realizó esa cantidad de envíos.

```
=BUSCARV($E$1,$A$2:$C$9,3)
```

Antes de avanzar, me gustaría que analizáramos un poco la solución de la función MAX.SI.CONJUNTO. El primer filtro (B2:B9,"Enero") va a discriminar las ventas que **no** se realizaron en el mes de enero (A4, A6, A7 y A9) y el segundo filtro (C2:C9,">2000") va a discriminar las ventas menores a $2000 (A5), como se observa en la imagen 6.18.

	A	B	C
1	Envíos	Mes	Venta
2	54	Enero	$ 4,900.00
3	57	Enero	$ 7,000.00
4	90	Marzo	$ 3,900.00
5	21	Enero	$ 1,833.00
6	79	Agosto	$ 186.00
7	13	Agosto	$ 19,056.00
8	89	Enero	$ 3,792.00
9	96	Marzo	$ 5,679.00

Imagen 6.18 Registros discriminados por los criterios

Entonces, del rango (A2:A9) que establecimos en el primer argumento de la función, solo buscará el número mayor en las celdas que quedaron disponibles, es decir, entre A2,A3 y A8 y de esas celdas, la que tiene el número más grande es A8 con 89 envíos.

Esta función también tiene su contraparte, que es MIN.SI.CONJUNTO, y funciona exactamente igual, solamente que nos regresará el valor más pequeño en lugar del más grande como se observa en la siguiente imagen, siguiendo con el mismo ejemplo de la imagen 6.17.

	A	B	C	D	E
1	Envíos	Mes	Venta		
2	54	Enero	$ 4,900.00		54
3	57	Enero	$ 7,000.00		
4	90	Marzo	$ 3,900.00		
5	21	Enero	$ 1,833.00		$ 4,900.00
6	79	Agosto	$ 186.00		
7	13	Agosto	$ 19,056.00		
8	89	Enero	$ 3,792.00		
9	96	Marzo	$ 5,679.00		

Imagen 6.19 Función MIN.SI.CONJUNTO

Se puede observar en la siguiente fórmula que a la función MIN.SI.CONJUNTO se le asignaron los mismos criterios que a la función MAX.SI.CONJUNTO, por lo que la discriminación de registros se hace de la misma manera a la ilustrada en la imagen 6.18, solo que ahora se va a elegir el valor más pequeño, que en este caso es el 54 (que se encuentra en la celda A1).

```
=MIN.SI.CONJUNTO(A2:A9,B2:B9,"Enero",C2:C9, ">2000")
```

6.6 ACTIVIDADES PARA REFORZAR LO APRENDIDO

Las actividades de cierre para reforzar lo aprendido en el capítulo seis se describen a continuación.

Actividad 17

En base a la información presentada en la tabla de la tienda de autoservicio (color verde), practicarás con la función SUMA, PROMEDIO, MODA.UNO y MODA.VARIOS cuando contestes las preguntas que se encuentran en la tabla blanca, ubicada en la parte inferior de la tabla verde.

Actividad 18 - 19

Para estas actividades pondrás en práctica las funciones para contar con el ejemplo de la nueva central camionera de Guadalajara. Las indicaciones específicas de la actividad se encuentran en el libro de Excel.

Actividad 20

Para esta actividad lo primero que tienes que hacer es construir el campo *Bono* de la tabla en color gris, con el objetivo de conocer si los empleados se llevaran, como su nombre lo indica, un bono este mes, para ello, los empleados deben tener una calificación de 5 estrellas y haber vendido más de 6 artículos.

Ahora para construir las tablas verdes, debes hacer que en base al *valor mínimo* o *máximo* la función regrese el k-ésimo valor mínimo o máximo respectivamente de artículos vendidos. En base a ese valor, los demás campos deben llenarse automáticamente, para cumplir con esto último, nos apoyaremos de la función BUSCARV.

Para construir las tablas azules, debes buscar (nuevamente con ayuda de la función BUSCARV) a la persona que haya vendido más artículos para otorgarle el título de *vendedor estrella* y en el caso contrario para enviar al *vendedor a capacitación*.

Finalmente, para responder las preguntas de la tabla amarilla, debes buscar (una vez más con la función BUSCARV) a la persona que cumpla con los requisitos allí mencionados, para ello deberás hacer uso de las funciones MAX.SI.CONJUNTO y MIN.SI.CONJUNTO.

7

OPERACIONES CON CONDICIONES

Preferí que no estudiáramos las funciones que se exponen a continuación en sus respectivos capítulos (funciones matemáticas y estadísticas) porque quería que primero conocieras las bases de las funciones lógicas y de las funciones para contar, esto con el objetivo de que, te resulte mucho más fácil el aprender a utilizar estas nuevas funciones, teniendo ya en mente un par de conceptos previos.

Imagen 7.1 Funciones del capítulo 7

7.1 SUMAR CON CONDICIONES

En este apartado veremos dos funciones que Excel nos ofrece, con las cuales, podremos sumar únicamente los datos que cumplan con los criterios indicados.

Por un lado, tenemos a la función SUMAR.SI, la cual, cuenta con 3 argumentos, de estos, los primeros dos son exactamente iguales a los de la función CONTAR.SI pero a continuación te explico el motivo del tercero.

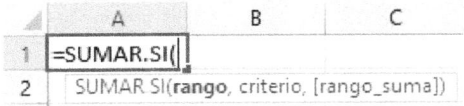

Imagen 7.2 Argumentos de la función SUMAR.SI

El argumento *rango_suma* es opcional y solo debe ser llenado si el *rango* no es el que queremos sumar, por ejemplo, en la imagen 7.3 tenemos una tabla que contiene los registros de las ventas de una empresa durante la primera mitad del año, pero de esas ventas, en este caso, únicamente queremos sumar las que sean mayores a $2000.

	A	B	C	D	E
1	Mes	Venta		Fórmula	Resultado
2	Enero	$ 4,000.00		=SUMAR.SI(B2:B7,">2000")	$ 12,300.00
3	Febrero	$ 1,800.00			
4	Marzo	$ 2,900.00			
5	Abril	$ 700.00			
6	Mayo	$ 793.00			
7	Junio	$ 5,400.00			

Imagen 7.3 Ejemplo con la función SUMAR.SI

Podemos observar en la celda E1, que el resultado de la fórmula aplicada es $12,300, es decir, la suma de las ventas del mes de enero, marzo y junio.

Siguiendo con este ejemplo, vamos a ilustrar cuándo es útil hacer uso del último argumento de la función SUMAR.SI. En la imagen 7.4 podemos ver que a la tabla de ventas se le agregó una nueva columna llamada "artículos". Lo que haremos a continuación, será sumar el número de artículos vendidos, cuya cantidad de venta supere los $2000.

	A	B	C	D	E	F
1	Mes	Venta	Articulos		Fórmula	Resultado
2	Enero	$ 4,000.00	10		=SUMAR.SI(B2:B7,">2000",C2:C7)	31
3	Febrero	$ 1,800.00	9			
4	Marzo	$ 2,900.00	6			
5	Abril	$ 700.00	2			
6	Mayo	$ 793.00	3			
7	Junio	$ 5,400.00	15			

Imagen 7.4 Otro ejemplo con la función SUMAR.SI

De esta manera, en lugar de sumar las cantidades de las ventas, se están sumando el número de los artículos vendidos y como podemos observar en la celda F1 el resultado de la fórmula aplicada es 31, es decir, la suma de los artículos de los mismos meses, enero, marzo y junio.

Por otra parte, la función SUMAR.SI.CONJUNTO nos ayudará a sumar solo las cantidades que cumplan con todos los criterios indicados. A continuación, te explico cómo funciona y los argumentos con los que cuenta.

```
=SUMAR.SI.CONJUNTO(
```
SUMAR.SI.CONJUNTO(**rango_suma**, rango_criterios1, criterio1, ...)

Imagen 7.5 Función SUMAR.SI.CONJUNTO

▶ **Rango_suma:** es el rango que va a ser sumado.

▶ **[*Rango_criterio*n]:** es el rango que se va a evaluar en base al criterio correspondiente.

▶ **[*Criterio*n]:** es el criterio que va a determinar qué celdas del **rango_suma** van a ser sumadas en base al **rango_criterio** correspondiente.

▶ Estos últimos dos argumentos se llenan en pares, como lo vimos con la función SI.CONJUNTO.

Ya sabemos qué hace la función SUMA y la función SI.CONJUNTO, por lo que no nos será ajena esta función puesto que es una mezcla de ambas. Para ilustrar su uso, vamos a realizar un ejemplo, utilizando la siguiente fórmula, la cual tiene por objetivo sumar las ventas que se hayan realizado en el mes de enero, que sean mayores a 2000 y que tengan más de 5 artículos vendidos.

```
=SUMAR.SI.CONJUNTO(B2:B13,A2:A13,"Enero",B2:B13, ">2000",C2:C13,">5")
```

	A	B	C	D	E
1	Mes	Venta	Articulos		Resultado
2	Enero	$ 4,000.00	10		$ 6,900.00
3	Enero	$ 1,800.00	9		
4	Enero	$ 2,900.00	6		
5	Enero	$ 700.00	2		
6	Febrero	$ 793.00	3		
7	Febrero	$ 5,400.00	15		
8	Marzo	$ 4,000.00	10		
9	Marzo	$ 1,800.00	9		
10	Abril	$ 2,900.00	6		
11	Mayo	$ 700.00	2		
12	Junio	$ 793.00	3		
13	Julio	$ 5,400.00	15		

Imagen 7.6 Ejemplo con la función SUMAR.SI.CONJUNTO

El primer argumento de la función SUMAR.SI.CONJUNTO se llena con el rango que se desea a sumar, en este caso (B2:B13), es decir, las ventas; de allí en adelante la función recibe rangos y criterios que debe evaluar para obtener la suma de los registros que cumplan con ellos.

El primer conjunto le dice a la función, del rango (A2:A13) selecciona los registros que contengan "Enero"; el segundo le dice, del rango (B2:B13) y de los registros que hayan pasado el primer filtro, toma a aquellos cuya cantidad sea mayor a 2000; y el tercero le dice, del rango (C2:C13) y de los registros que hayan pasado los filtros anteriores, toma a aquellos cuyos artículos sean mayores a 5; a continuación, suma las ventas de los registros que hayan pasado este tercer filtro.

En este caso podemos observar en la celda E2 de la imagen 7.6 que el resultado de la fórmula es un $6900, es decir, la suma del registro de la fila 2 ($4000) con el de la fila 4 ($2900).

7.2 PROMEDIAR CON CONDICIONES

En este apartado veremos dos funciones que Excel nos ofrece, con las cuales, podremos aplicar esta operación estadística únicamente a los datos que cumplan con los criterios indicados.

Por un lado, tenemos a la función PROMEDIO.SI, la cual, cuenta con los mismos argumentos que la función SUMAR.SI que acabamos de estudiar en el apartado anterior; y como ya estudiamos a la función PROMEDIO, no creo que encontremos ninguna dificultad para aplicar esta función en las hojas de cálculo de Excel.

	A	B	C	D	E
1	Mes	Venta		Fórmula	Resultado
2	Enero	$ 4,000.00		=PROMEDIO.SI(B2:B7,">2000")	$ 4,100.00
3	Febrero	$ 1,800.00			
4	Marzo	$ 2,900.00			
5	Abril	$ 700.00			
6	Mayo	$ 793.00			
7	Junio	$ 5,400.00			

Imagen 7.7 Función PROMEDIO.SI

Del ejemplo anterior, podemos observar que el resultado de la fórmula es un $4100, es decir, el promedio de la venta del mes de enero con la del mes de marzo y la del mes de junio, dado que esos meses obtuvieron una ganancia superior a los $2000.

Y, por otra parte, contamos con la función PROMEDIO.SI.CONJUNTO, la cual cuenta con los mismos argumentos que la función SUMAR.SI.CONJUNTO, que también acabamos de estudiar en el apartado anterior, por lo que, podemos deducir que se aplica de la misma forma y para demostrarlo, utilizaremos el ejemplo de la imagen 7.8 con la siguiente fórmula.

```
=PROMEDIO.SI.CONJUNTO(B2:B13,A2:A13,"Enero",
B2:B13,">2000",C2:C13,">5")
```

	A	B	C	D	E
1	Mes	Venta	Artículos		Resultado
2	Enero	$ 4,000.00	10		$ 3,450.00
3	Enero	$ 1,800.00	9		
4	Enero	$ 2,900.00	6		
5	Enero	$ 700.00	2		
6	Febrero	$ 793.00	3		
7	Febrero	$ 5,400.00	15		
8	Marzo	$ 4,000.00	10		
9	Marzo	$ 1,800.00	9		
10	Abril	$ 2,900.00	6		
11	Mayo	$ 700.00	2		
12	Junio	$ 793.00	3		
13	Julio	$ 5,400.00	15		

Imagen 7.8 Función PROMEDIO.SI.CONJUNTO

En este caso podemos observar en la celda E2 de la imagen 7 8 que el resultado de la fórmula es un $3450, es decir, el registro de la fila 2 ($4000) más el registro de la fila 4 ($2900) entre dos.

7.3 ACTIVIDADES PARA REFORZAR LO APRENDIDO

La actividad de cierre para reforzar lo aprendido en el capítulo siete se describe a continuación.

Actividad 21

Responde las preguntas que se presentan en la hoja de cálculo de la actividad en base a la tabla de ventas, utilizando las funciones que estudiamos en este capítulo.

Una vez concluyas de implementar las fórmulas, analiza los registros que toma cada una para que quede bien claro el porqué de cada resultado.

8

FUNCIONES DE FECHA

Las funciones que trataremos en este capítulo nos van a permitir realizar cálculos con el tiempo, es decir, con fechas y horas.

AHORA	AÑO	DIA	DIASEM	FECHA	FRAC. AÑO	HORA
HOY	MES	MINUTO	NSHORA	NUM.DE. SEMANA	SEGUN-DO	SI-FECHA

Imagen 8.1 Funciones del capítulo 8

8.1 FECHAS Y HORAS EN EXCEL

Antes de arrancar con el capítulo me gustaría explicarte una parte importante de cómo Excel interpreta las fechas y las horas en las hojas de cálculo.

Excel interpreta las fechas como números enteros, comenzando por el **1**, el cual, representa a la fecha: **Domingo 1 de enero de 1900**. A partir de allí, entre mayor sea el número, más se acercará al día actual. Pero, Excel es capaz de interpretar fechas y convertirlas a número por nosotros, por ejemplo, si en cualquier celda escribimos lo siguiente.

Excel lo traduce por nosotros como se expone a continuación, es decir, no es necesario que nos aprendamos qué número se corresponde con qué fecha. Podemos observar en el formato de número, que se encuentra en la **Ficha Inicio / Grupo Número** las distintas representaciones del valor que acabamos de escribir en la celda. En conclusión, para Excel es lo mismo que nosotros escribamos la fecha como tal o el número del día, que en este caso se corresponde con el **45128**.

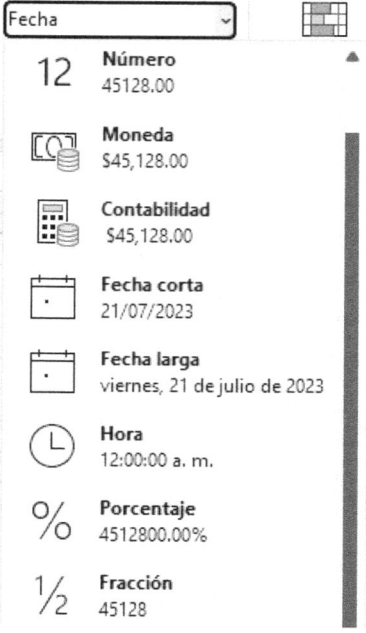

Imagen 8.2 Formatos de número

Y sucede lo mismo con las horas, Excel las interpreta como números decimales comenzando por el **0**, el cual, representa las **00:00 horas** y finalizando con el **1**, que representa las **24:00 horas**. Esta notación nos puede llegar a complicar bastante puesto que, por ejemplo, para representar las 02:02:45 pm, es decir, las dos de la tarde con dos minutos y cuarenta y cinco segundos, tenemos que escribir un decimal muy preciso, como el que se muestra a continuación: **0.58524**.

La ventaja es que al igual que con las fechas, podemos escribirle directamente la hora a Excel, y él lo va a interpretar correctamente con el número que le corresponde. Por ejemplo, si en cualquier celda escribimos lo siguiente.

```
14:02:45
```

Excel va a saber que estamos haciendo referencia a la hora 0.58524. Solamente hay que respetar el formato de 24 horas cuando escribamos los tiempos en esta notación.

Y es así como Excel realiza cálculos con las fechas y horas, solamente resta o suma números, como lo veremos en el capítulo 8.2.

Cabe mencionar que podemos mezclar las fechas con las horas y Excel seguirá interpretándolas correctamente, por ejemplo, puedes escribir lo siguiente en cualquier celda de Excel y cuando llegues al apartado 8.2 utilizar las funciones ahí expuestas para dividir la información de la celda. ¿Funciona correctamente verdad? ¿Cómo cambia lo ingresado en la barra de fórmulas? ¿Cómo Excel logra interpretar esta fecha con horas combinadas? ¿Será porque los días se manejan como números enteros y las horas como números decimales? ¿Qué número es este entonces?[8]

```
14/02/2014 11:00
```

8.1.1 La función TEXTO con fechas

Podemos utilizar la función TEXTO para convertir el formato de las fechas y horas al que deseemos; en la siguiente tabla te muestro algunos ejemplos, que se ejemplifican en la imagen 8.3.

Formato	Descripción
"DDDD/MMMM/AAAA"	Convierte un número a una fecha larga.
"DDD/MMM/AAA"	Convierte un número a una fecha larga abreviada.
"DD/MM/AA"	Convierte un número a una fecha corta.
"HH:MM"	Convierte un número en formato de 24 horas.
"HH:MM AM/PM"	Convierte un número en formato de 12 horas.
"HH:MM:SS AM/PM"	Convierte un número en formato de 12 horas, pero le agrega los segundos.

---

8   La respuesta a la última pregunta es: 41743.45833 y la respuesta a la pregunta anterior de la última es: Sí.

	A	B	C
1	Número	Fórmula	Resultado
2	4488	=TEXTO(A2,"DDDD/MMMM/AAAA")	domingo/abril/1912
3	4488	=TEXTO(A3,"DDD/MMM/AAA")	dom/abr/1912
4	4488	=TEXTO(A4,"DD/MM/AA")	14/04/12
5	0.58524	=TEXTO(A5,"HH:MM")	14:02
6	0.58524	=TEXTO(A6,"HH:MM AM/PM")	02:02 p. m.
7	0.58524	=TEXTO(A7,"HH:MM:SS AM/PM")	02:02:45 p. m.

Imagen 8.3 Función TEXTO con fechas y horas

Cabe mencionar que podemos utilizar estas letras por separado si solamente queremos extraer un solo dato, por ejemplo, podemos utilizar la letra "H" para extraer solamente la hora o las letras "MMMM" para extraer el nombre del mes; además, podemos combinar los formatos, por ejemplo, para recrear el formato que emplea la función AHORA como lo veremos en la imagen 8.4, podemos utilizar el siguiente: "DD/MM/AAAA HH:MM". Recuerda que puedes jugar con los formatos y encontrar el que más se adapte a tus necesidades.

8.2 OBTENER EL MOMENTO ACTUAL

La función AHORA devuelve en formato de fecha corta con hora, el momento exacto en el que se escribe y se actualiza cada vez que se realiza un cambio en la hoja de cálculo. Para extraer esa información por separado (pues la función la devuelve unida como se observa en la celda A2 de la imagen 8.4) tendremos que hacer uso de otras funciones, como SEGUNDO, MINUTO, HORA, DIA, MES y AÑO.

	A	B	C	D	E
1	=AHORA()		Obtener	Fórmula	Resultado
2	18/04/2023 16:13		Segundo	=SEGUNDO(A2)	10
3			Minuto	=MINUTO(A2)	13
4			Hora	=HORA(A2)	16
5			Día	=DIA(A2)	18
6			Día semana	=DIASEM(A2,1)	3
7			N. Semana	=NUM.DE.SEMANA(A2,1)	16
8			Mes	=MES(A2)	4
9			Año	=AÑO(A2)	2023

Imagen 8.4 Funciones para obtener el momento actual

Podemos obtener otros datos importantes en base al resultado de la función AHORA, por ejemplo, podemos obtener el día de la semana (un número entre 1 y 7) gracias a la función DIASEM. Si te fijas en la imagen 8.5, esta función cuenta con dos argumentos, en el primero se debe hacer referencia a la fecha que queremos evaluar y el segundo se llena en base a las opciones mostradas en la misma imagen, y según la opción que se elija, afectará el número devuelto. Las opciones más comunes son la 1 y 2, pero en base a las necesidades que pudiéramos tener, Excel nos ofrece más variedad de tipos de semanas.

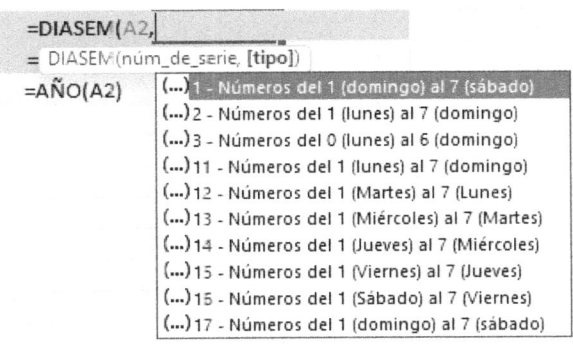

Imagen 8.5 Argumentos de la función DIASEM

Otro dato que podemos obtener es el número de la semana en la que se encuentra la fecha (recordemos que 1 año tiene 52 semanas aproximadamente) y para ello utilizaremos la función NUM.DE.SEMANA. Esta función también tiene un segundo argumento que se llena en base a las opciones que se muestran en la imagen 8.6, en el cual debemos indicarle a la función en qué día inicia la semana, para de ahí, poder realizar el conteo de las semanas. Nuevamente las opciones más comunes son la 1 y la 2 pero Excel no se encasilla con esas y pone a nuestra disposición más variedad.

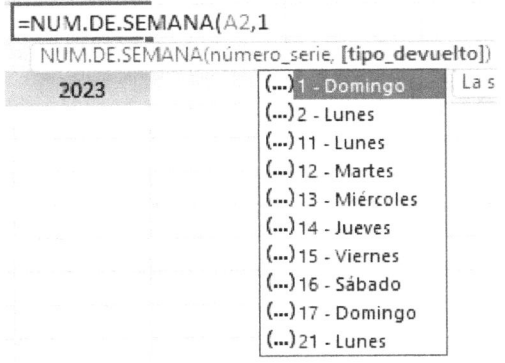

Imagen 8.6 Argumentos de la función NUM.DE.SEMANA

Para ambas funciones, si no se llena el segundo argumento por ser opcional, se toma la opción número 1.

Ahora bien, ya que tenemos también la información de la hora separada, es decir, la hora, los minutos y los segundos; podemos volver a unirla con ayuda de la función NSHORA y darle un formato de hora como se observa en la imagen 8.7.

	C	D	E	F	G	H
	Obtener	Fórmula	Resultado		Regresar al formato de hora	
	Segundo	=SEGUNDO(A2)	10		=NSHORA(E4,E3,E2)	04:13 p. m.
	Minuto	=MINUTO(A2)	13			
	Hora	=HORA(A2)	16			

Imagen 8.7 Función NSHORA

Si lo notaste, el formato que le aplica a la celda la función NSHORA y AHORA son diferentes pues la primera trabaja con el formato de 12 horas (04:13 p.m.) y la segunda trabaja con el formato de 24 horas (16:13).

También podemos unir nuevamente la información del día con la función FECHA.

	A	B	C	D	E
1	Valor	Corresponde		Regresar al formato de fecha	
2	24	DÍA		=FECHA(A2,A3,A4)	12/04/1930
3	10	MES			
4	2020	AÑO			

Imagen 8.8 Función FECHA

8.3 HACER CÁLCULOS ENTRE FECHAS

Como alternativa a la función AHORA, si solamente queremos obtener la fecha actual excluyendo la hora podemos utilizar la función HOY.

En el ejemplo de la imagen 8.9 realizamos 2 **cálculos** con el tiempo, en el primero se obtuvo la cantidad de años redondos que han transcurrido desde la fecha inicial hasta HOY haciendo uso de la función AÑO con una diferencia, y en el segundo se obtuvo la cantidad precisa de años que han transcurrido haciendo uso de la función FRAC.AÑO.

	A	B	C	D	E
1	=HOY()		Calcular	Fórmula	Resultado
2	18/04/2023		Años redondos	=AÑO(A2)-AÑO(A5)	9
3			Años precisos	=FRAC.AÑO(A2,A5)	9.17777778
4	Fecha inicial				
5	14/02/2014				

Imagen 8.9 Funciones para realizar cálculos con fechas

Aparte de los años ¿se puede obtener la cantidad de días o la cantidad de meses que han transcurrido entre dos fechas? ¡Claro que sí! Pero eso lo veremos en el siguiente apartado, cuando veamos de qué trata la función secreta de Excel.

Otra forma de realizar cálculos entre fechas es directamente restándolas, es decir, obteniendo la **diferencia** entre ambas, por ejemplo, si escribimos en alguna celda la siguiente fórmula.

```
=A2-A5
```

Obtendremos un resultado **preciso**, es decir, obtendremos un número decimal, el cual nos indicará exactamente cuánto ha transcurrido entre una fecha y otra en días y en segundos. Veamos este ejemplo de forma práctica.

	A	B	C	D	E	F
1	=AHORA()		Diferencia	Resultado	Interpretación	
2	18/04/2023 10:48:00 a. m.		=A2-A5	3349.634687	=TEXTO(D2,"HH:MM:SS")	15:13:57
3						
4	Fecha inicial					
5	14/02/2014 07:34:03 p. m.					
6						

Imagen 8.10 Diferencia entre fechas

¿Qué estamos haciendo? Estamos obteniendo tal cual, la diferencia entre ambas fechas, lo que nos arroja un **3349.634687**, es decir, **3349** días han pasado entre ambas fechas con **634687** segundos de diferencia. El valor decimal lo podemos interpretar haciendo uso de la función TEXTO, como se observa en el ejemplo, así que, en total, han transcurrido 3349 días con 15 horas, 13 minutos y 57 segundos (15:13:57) entre ambas fechas.

Pero la parte entera no se puede interpretar de la misma forma que la hora, ¿por qué? Porque Excel lee ese número como una fecha y no como el resultado de una diferencia, es decir, ese 3349, para Excel es el martes 2 de marzo de 1909, aunque implícitamente sí lo lee como 4 días, 2 meses y 9 años; pero si quisiéramos obtener tal cual, detallado cuantos días, meses y años han transcurrido entre una fecha y otra, tendríamos que calcular la diferencia de cada unidad y concatenar los resultados, por ejemplo.

```
=DIA(…)-DIA(…)&MES(…)-MES(…)&AÑO(…)-AÑO(…)
```

8.3.1 La función secreta de Excel

La función SIFECHA se encuentra oculta dentro de Excel puesto que no está a la vista del usuario, por ejemplo, si nosotros escribimos la inicial de la fórmula, podemos observar que no aparece en la lista de funciones recomendadas, ni en el asistente de funciones.

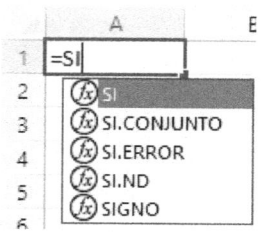

Imagen 8.11 Recomendaciones de funciones con la inicial "Si"

Entonces ¿cómo sabemos que existe? Porque aparece en la documentación de Microsoft[9].

Su labor es devolver los años, los meses o los días precisos que han transcurrido en base a la unidad especificada. Esta función cuenta con tres argumentos. En el primero se especifica la fecha inicial, en el segundo la fecha final y en el tercero la unidad del cálculo que como ya lo dijimos, pueden ser días "D", meses, "M" o años "Y". Cabe mencionar que, si la fecha inicial es mayor que la final, la función nos devolverá un error.

Veamos un ejemplo aplicando esta función secreta.

---

9   *https://support.microsoft.com/es-es/office/funci%C3%B3n-sifecha-25dba1a4-2812-480b-84dd-8b32a451b35c*

	A	B	C	D
1	Fecha incial	Fecha final	Fórmula	Resultado
2	14/02/2014	18/04/2023	=SIFECHA(A2,B2,"D")	3350
3	14/02/2014	18/04/2023	=SIFECHA(A3,B3,"M")	110
4	14/02/2014	18/04/2023	=SIFECHA(A4,B4,"Y")	9

Imagen 8.12 Ejemplo con la función SIFECHA

¿Recuerdas que en la imagen 8.10 cuando restamos las fechas, la fórmula nos devolvió 3349.634687? Y la función SIFECHA devolvió 3350 ¿por qué? Porque esta función no considera la hora, únicamente calcula de forma precisa la unidad especificada, es decir, nos devuelve un resultado **redondo**.

8.4 ACTIVIDADES PARA REFORZAR LO APRENDIDO

La actividad de cierre para reforzar lo aprendido en el capítulo ocho se describe a continuación.

Actividad 22

Para esta actividad primero deberás llenar un par de datos de dos niños en base a su fecha de nacimiento y la fecha actual, dentro de sus respectivas tablas que se muestran en la imagen 8.13, considerando un par de puntos importantes que se expresan a continuación.

Es importante que tengas en mente los conceptos de **resultado preciso, resultado redondo, diferencia** y **cálculo**. Además, es importante mencionar que todos los resultados deben ser positivos y que cuando se pregunte por el nombre de algún mes o de algún día, el resultado debe iniciar con mayúscula (recuerda que en el capítulo 2 vimos una función que realizaba esta tarea).

Te recomiendo que, para esta actividad, consultes las respuestas a los ejercicios más no a las fórmulas, es decir, te recomiendo que observes el libro de las respuestas, pero que no muevas la celda activa de A1, esto con el objetivo de que tengas más claro con qué información se llena cada campo y así, puedas idear de mejor manera la fórmula necesaria para resolver cada ejercicio.

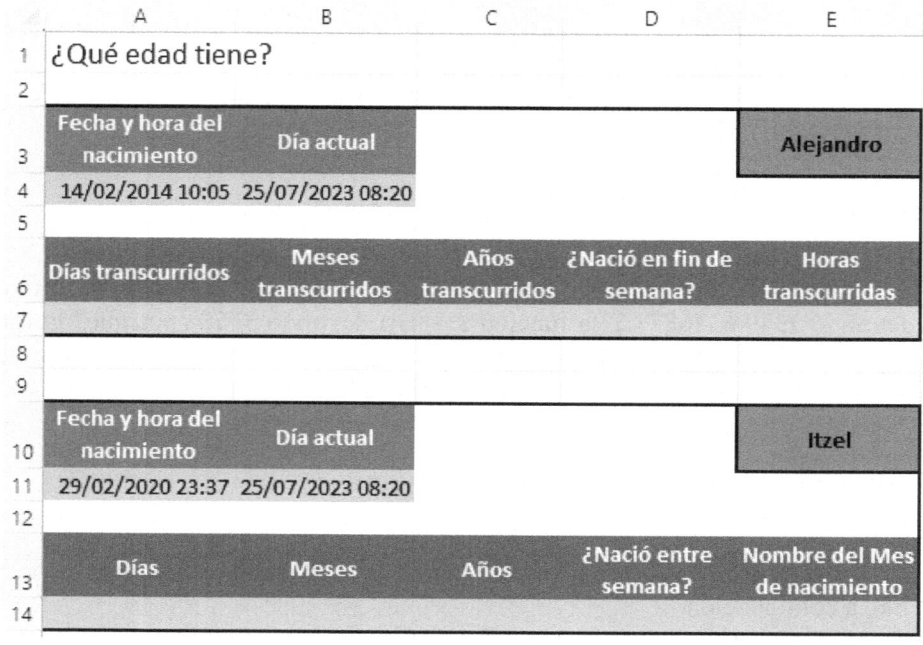

Imagen 8.13 Tablas personales de los niños

Para Alejandro tendrás que llenar los siguientes campos de la siguiente manera:

▸ **Días transcurridos:** el resultado preciso de la diferencia de la fecha de nacimiento con la actual.

▸ **Meses transcurridos:** el cálculo redondo de meses que han pasado desde la fecha de nacimiento hasta la fecha actual.

▸ **Años transcurridos:** el cálculo redondo de años que han pasado desde la fecha de nacimiento hasta la fecha actual.

▸ **¿Nació en fin de semana?:** evaluar el día de la semana para saber si el niño nació en un sábado o en un domingo.

▸ **Horas transcurridas:** el resultado de los días transcurridos por 24.

Para Itzel tendrás que llenar los siguientes campos de la siguiente manera:

▶ **Días:** el resultado redondo de la diferencia de días entre la fecha de nacimiento y la actual.

▶ **Meses:** el resultado redondo de la diferencia de meses entre la fecha de nacimiento y la actual.

▶ **Años:** el cálculo redondo de años que han pasado desde la fecha de nacimiento hasta la fecha actual.

▶ **¿Nació entre semana?:** evaluar el día de la semana para saber si la niña nació entre el lunes y el viernes.

▶ **Nombre del mes de nacimiento:** el nombre del mes en que nació la niña.

A continuación, tendrás que separar la fecha de nacimiento de ambos niños respecto de la hora y colocar esa información en la tabla rosa.

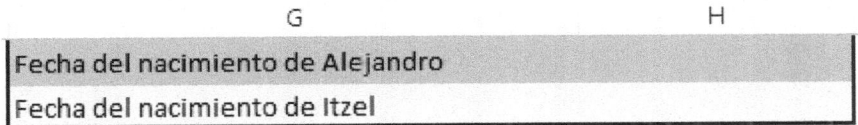

Imagen 8.14 Fechas de nacimiento independientes de la hora

Y en base a esta información, podrás contestar las preguntas de la tabla amarilla.

9

FUNCIONES DE INFORMACIÓN

Las funciones que pertenecen a esta categoría nos van a permitir obtener cierta información tanto respecto al contenido de una celda, de la celda en sí, de las hojas de cálculo, así como del libro en general. A continuación, veremos las funciones con las que trabajaremos en este capítulo.

Imagen 9.1 Funciones del capítulo 9

9.1 INFORMACIÓN DEL CONTENIDO DE UNA CELDA

Vamos a ver un ejemplo, en el cual, vamos a evaluar múltiples aspectos de la celda A1, como, si el valor contenido en la celda es un número par o no, con ayuda de las funciones ES.IMPAR y ES.PAR (si la celda no contiene un número ambas funciones nos devolverán un error), si la celda está vacía (ESBLANCO), si contiene una fórmula (ESFÓRMULA), si contiene un valor lógico (ESLOGICO), si contiene texto (ESTEXTC), si contiene no texto (ESNOTEXTO) o si contiene números (ESNUMERO).

	A	B	C	D
1	**1**		**Fórmula**	**Resultado**
2			=ES.IMPAR(A1)	VERDADERO
3			=ES.PAR(A1)	FALSO
4			=ESBLANCO(A1)	FALSO
5			=ESFORMULA(A1)	FALSO
6			=ESLOGICO(A1)	FALSO
7			=ESTEXTO(A1)	FALSO
8			=ESNOTEXTO(A1)	VERDADERO
9			=ESNUMERO(A1)	VERDADERO

Imagen 9.2 Evaluando a la celda A1, la cual contiene un "1"

Ahora, ¿qué pasaría si evaluáramos una celda vacía? ¡Vamos a averiguarlo!

	A	B	C	D
1			**Fórmula**	**Resultado**
2			=ES.IMPAR(A1)	FALSO
3			=ES.PAR(A1)	VERDADERO
4			=ESBLANCO(A1)	VERDADERO
5			=ESFORMULA(A1)	FALSO
6			=ESLOGICO(A1)	FALSO
7			=ESTEXTO(A1)	FALSO
8			=ESNOTEXTO(A1)	VERDADERO
9			=ESNUMERO(A1)	FALSO

Imagen 9.3 Evaluando a la celda A1, la cual está vacía

Podemos observar de la imagen 9.3 que el vacío se interpreta como un cero por las funciones ES.IMPAR y ES.PAR pero no por la función ESNUMERO y además descubrimos que el cero es un número par. También podemos observar que la función ESTEXTO y ESNUMERO devuelven FALSO, pero en contraparte, la función ESNOTEXTO devuelve VERDADERO.

Tenemos una función adicional, que podríamos decir, resume algunas características de las funciones anteriores, se trata de la función TIPO. Esta función nos devolverá un número según el contenido de la celda como se observa en el siguiente ejemplo.

	A	B	C
1	Valor	Fórmula	Resultado
2	1	=TIPO(A2)	1
3	A	=TIPO(A3)	2
4	FALSO	=TIPO(A4)	4
5	#¡DIV/0!	=TIPO(A5)	16
6	Matriz	=TIPO(A2:A6)	64

Imagen 9.4 Función TIPO

De la imagen 9.4 podemos observar que, si el contenido de la celda es un número, la función TIPO nos devolverá un 1; si es una letra (o texto en sí), devolverá un 2; si es un valor lógico, devolverá un 4; si es un error, devolverá un 16; y si es una matriz, devolverá un 64.

9.1.1 La función INDIRECTO

Esta función es muy interesante puesto que nos permite crear referencias de forma dinámica. Por ejemplo, si quisiéramos evaluar con la función TIPO una celda que está indicada en otra celda, no podemos hacerlo directamente como se observa en el siguiente ejemplo.

	A	B	C	D
1	Celda a evaluar	Contenido	Fórmula	Resultado
2	B2	#¡DIV/0!	=TIPO(A2)	2

Imagen 9.5 Caso fallido al intentar evaluar una celda referenciada en otra celda

En este caso, se quiere evaluar el contenido de la celda B2, pero al indicarle a la función TIPO la referencia hacia a A2, nos evalúa directamente el contenido de A2 y no nos lleva a B2, por lo tanto, vemos que el resultado de la fórmula es un "2", porque nos dice que A2 contiene texto.

Para solucionar este problema, utilizaremos a la función INDIRECTO anidada con la función TIPO de la siguiente manera.

	A	B	C	D
1	Celda a evaluar	Contenido	Fórmula	Resultado
2	B2	#¡DIV/0!	=TIPO(INDIRECTO(A2))	16

Imagen 9.6 Caso exitoso al intentar evaluar una celda referenciada en otra celda

Ahora sí, vemos en la imagen 9.6 que el resultado de la función TIPO es un "16" porque la referencia escrita en A2 lleva correctamente a la celda B2, la cual contiene un error.

9.2 INFORMACIÓN DE UNA CELDA

La función CELDA cuenta con dos argumentos, el primero (*tipo_de_info*) se llena con alguna de las opciones que se muestran en la imagen 9.7. Estas opciones corresponden con las características de la celda que queremos obtener.

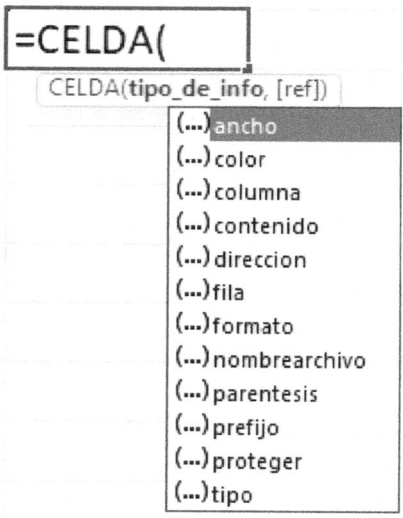

Imagen 9.7 Características de una celda que podemos conocer con la función CELDA

Y el segundo argumento es opcional (*ref*) pues si no se llena con alguna referencia, la información de la característica especificada se tomará de la celda en donde está escrita la función.

Vamos a ver un ejemplo utilizando cada opción del argumento *tipo_de_ info*. Podemos inferir lo que significan algunas características, como *contenido* o *nombrearchivo*, pero si queremos conocer más sobre el significado de cada característica, así como su contenido de respuesta particular, puedes consultar el artículo del soporte de Microsoft[10] que se encuentra en el pie de página.

	A	B	C	D	E	F	G
	E2		f_x	=CELDA("ancho",A1)			
1	Excel 2019		Característica	Fórmula	Resultado		
2			ancho	=CELDA("ancho",A1)	11	VERDADERO	
3			color	=CELDA("color",A1)	0		
4			columna	=CELDA("columna",A1)	1		
5			contenido	=CELDA("contenido",A1)	Excel 2019		
6			dirección	=CELDA("direccion",A1)	$A$1		
7			fila	=CELDA("fila",A1)	1		
8			formato	=CELDA("formato",A1)	G		
9			n.archivo	=CELDA("nombrearchivo",A1)	C:\Users\axeld\Desktop\[Libro1.xlsx]Hoja1		
10			paréntesis	=CELDA("parentesis",A1)	0		
11			prefijo	=CELDA("prefijo",A1)	'		
12			proteger	=CELDA("proteger",A1)	1		
13			tipo	=CELDA("tipo",A1)	r		

Imagen 9.8 Ejemplo con la función CELDA

9.3 INFORMACIÓN DE UN LIBRO

Con la función INFO[11] podemos obtener un par de datos interesantes, tanto de Excel, como del equipo en el que está corriendo el programa, por ejemplo, podemos obtener la ruta del libro, la cantidad de hojas de cálculo activas, la versión del sistema operativo de la computadora, el modo de actualización de Excel, su versión, etcétera. Para conocer más información sobre cada característica que ofrece esta función puedes consultar el enlace que se encuentra en el pie de la página.

---

10 *https://support.microsoft.com/es-es/office/funci%C3%B3n-celda-51bd39a5-f338-4db2-a33f-955d67c2b2cf*

11 *https://support.microsoft.com/es-es/office/funci%C3%B3n-info-725f259a-0e4b-49b3-8b52-58815c69acae*

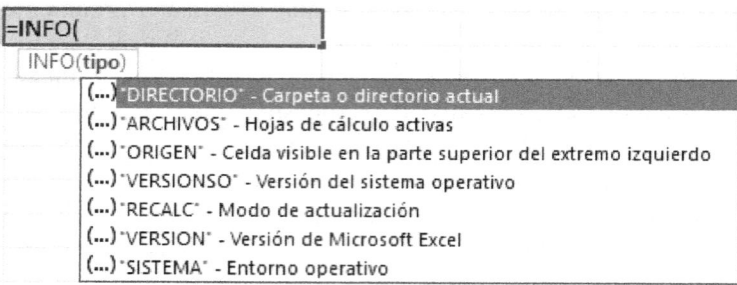

Imagen 9.9 Opciones de la función INFO

	A	B	C
1	Característica	Fórmula	Resultado
2	directorio	=INFO("DIRECTORIO")	C:\Users\axeld\Documents\
3	archivos	=INFO("ARCHIVOS")	4
4	origen	=INFO("ORIGEN")	$A:$A$1
5	versionso	=INFO("VERSIONSO")	Windows (64-bit) NT 10.00
6	recalc	=INFO("RECALC")	Automáticamente
7	version	=INFO("VERSION")	16.0
8	sistema	=INFO("SISTEMA")	pcdos

Imagen 9.10 Ejemplo con la función INFO

9.4 ACTIVIDADES PARA REFORZAR LO APRENDIDO

La actividad de cierre para reforzar lo aprendido en el capítulo nueve se describe a continuación.

Actividad 23

Esta actividad es "libre", es decir, tendrás que jugar con el libro del capítulo para que te familiarices con las funciones que acabamos de ver. Puedes agregar hojas, mover el libro de ubicación, ocultar columnas, filas, modificar celdas, etcétera.

10

ORDENAR, FILTRAR, BUSCAR Y REEMPLAZAR

En este capítulo vamos a ver dos temas muy importantes, que pueden eficientizar en gran manera el tiempo que empleamos cuando trabajamos con Excel, el ordenado y el filtrado y la búsqueda y el reemplazo. Y como complemento a estos temas estudiaremos una función que nos permite aplicar un par de operaciones sobre un conjunto de datos filtrados.

Imagen 10.1 Función del capítulo 10

10.1 ORDENAR

Este comando se encuentra en la **Ficha Inicio / Grupo Edición**[12] **/ Ordenar y filtrar**.

---

12 Recordemos que este grupo cambia según la versión de Excel, así que también lo puedes encontrar como grupo Modificar.

A↓Z	Ordenar de A a Z
Z↓A	Ordenar de Z a A
↓↑	Orden personalizado...

Imagen 10.2 Opciones para ordenar texto

¿Qué pasos debemos implementar para ordenar un conjunto de datos? Primero tenemos que seleccionar el rango de las celdas y después ir a este comando.

Para ordenar texto tenemos las opciones de hacerlo de la A hasta la Z y viceversa (Imagen 10.2 y 10.3), para ordenar números tenemos las opciones de mayor a menor y viceversa (Imagen 10.4 y 10.5) y para fechas se puede elegir la opción de más nuevo a más antiguo o viceversa (Imagen 10.6 y 10.7). También podemos elegir un orden personalizado, como lo veremos más adelante, en el capítulo 10.1.1.

	A	B	C	D	E
1	**Lista de texto**		A - Z		Z - A
2	Computadora		Almohada		Pluma
3	Lápiz		Celular		Lápiz
4	Pluma		Computadora		Computadora
5	Celular		Lápiz		Celular
6	Almohada		Pluma		Almohada

Imagen 10.3 Ordenar texto

A↓Z	Ordenar de menor a mayor
Z↓A	Ordenar de mayor a menor

Imagen 10.4 Opciones para ordenar números

	A	B	C	D	E
1	**Lista numerica**		**Menor - mayor**		**Mayor - menor**
2	10		1		42
3	9		9		36
4	36		10		10
5	42		36		9
6	1		42		1

Imagen 10.5 Ordenar números

| A↓Z | Ordenar de más antiguo a más reciente |
| Z↓A | Ordenar de más recientes a más antiguos |

Imagen 10.6 Opciones para ordenar fechas

	A	B	C	D	E
1	**Lista de fechas**		**Antigüo - reciente**		**Reciente - antogüo**
2	16/12/2020		01/01/2018		16/12/2020
3	01/01/2018		20/03/2019		04/11/2020
4	20/03/2019		15/06/2019		15/06/2019
5	04/11/2020		04/11/2020		20/03/2019
6	15/06/2019		16/12/2020		01/01/2018

Imagen 10.7 Ordenar fechas

10.1.1 Orden personalizado

Ahora te enseñaré a utilizar el orden personalizado, utilizando la lista de texto que se encuentra a la mitad (la que lleva por encabezado Orden pers. y que en la hoja de cálculo es de color azul) de la imagen 10.8 y albergada en la hoja llamada "Ordenar" ubicada dentro del libro del capítulo. Las otras dos listas nos servirán para poder comparar la que vamos a ordenar de forma personalizada, con la lista ordenada normalmente de la A – Z y con la lista original.

	A	B	C	D	E
1	**Lista original**		**Orden pers.**		**Orden A - Z**
2	Computadora		Computadora		Computadora
3	Lápiz		Lápiz		Lápiz
4	Pluma		Pluma		Pluma
5	Zapato		Zapato		Zapato
6	Almohada		Almohada		Almohada

Imagen 10.8 Lista de texto para ordenar

....

TIP: no es necesario seleccionar todo el rango a ordenar mientras sea continuo, simplemente podemos colocar la celda activa dentro del rango.

....

Una vez nuestra celda activa se encuentre dentro de la lista en color azul, daremos clic sobre la herramienta **Orden personalizado**. Nos aparecerá un cuadro de dialogo como el de la imagen 10.9.

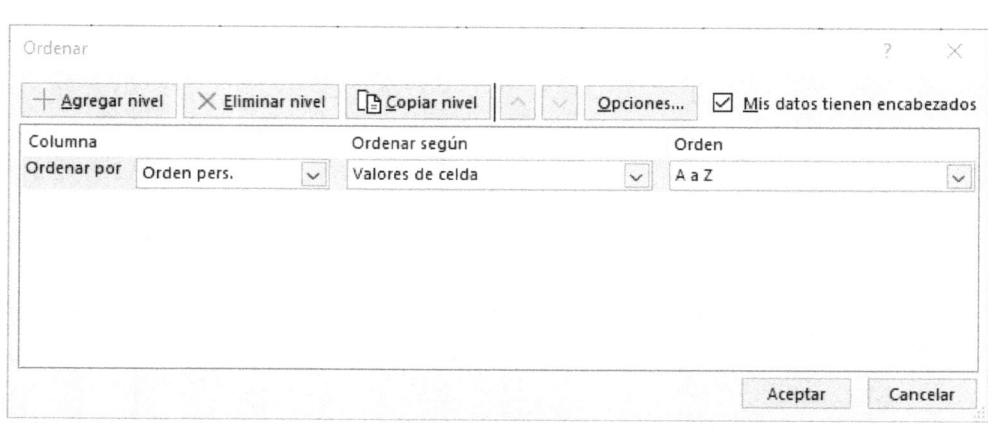

Imagen 10.9 Configurar el orden personalizado

Si dejamos las configuraciones por defecto del diálogo, el orden personalizado nos va a acomodar el texto de A – Z como se hace de forma habitual, así que, para demostrar realmente el funcionamiento de esta herramienta, daremos clic sobre el botón **Agregar nivel**, lo que nos generará otra "condición" igual a la primera.

Esta segunda condición la dejaremos como está, pero procederemos a modificar la que estaba primero de la siguiente manera, en la columna **Ordenar según**, elegiremos de la lista desplegable la opción *Color de celda* y en la columna **Criterio de ordenación**, elegiremos el color azul más bajito y de la lista desplegable adyacente, elegiremos *En la parte superior*. El cuadro de dialogo con sus configuraciones debió quedarte como el siguiente.

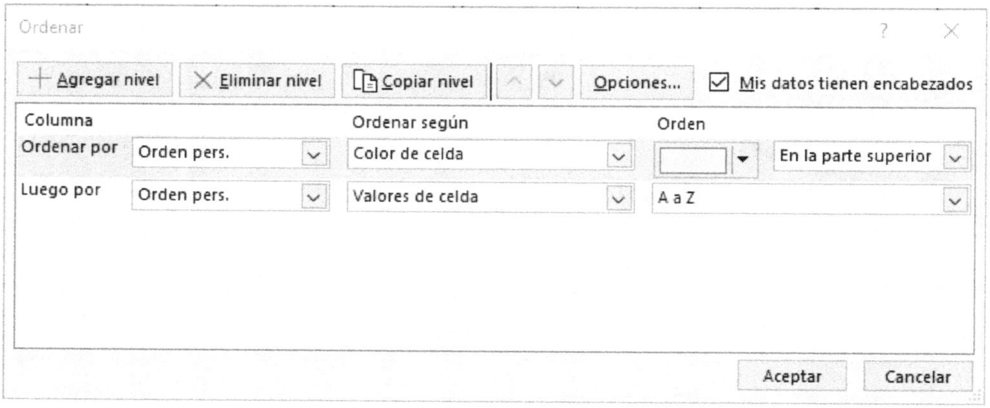

Imagen 10.10 Configurando dos condiciones del orden personalizado

Podríamos seguir agregando niveles según lo necesitemos, pero para este ejemplo, solo utilizaremos estos dos.

Hay un detalle que quisiera comentar, y es que debemos asegurarnos de que las listas desplegables de la columna **Columna** digan *Orden pers.*, es decir, el nombre del encabezado de la lista. En caso de que se muestre *Columna C* o algún elemento de la lista, debes activar la selección de la casilla **Mis datos tienen encabezados** o en la misma lista desplegable elegir el valor que corresponda al encabezado.

Una vez ajustados todos los parámetros correspondientes, en la imagen 10.11 veremos el resultado de aplicar el orden personalizado a la lista en color azul, contra la lista original (verde) y contra la misma lista ordenada de A – Z de forma habitual (amarilla).

	A	B	C	D	E
1	Lista original		Orden pers.		Orden A - Z
2	Computadora		Lápiz		Almohada
3	Lápiz		Zapato		Computadora
4	Pluma		Almohada		Lápiz
5	Zapato		Computadora		Pluma
6	Almohada		Pluma		Zapato

Imagen 10.11 Resultado de las ordenaciones

Las configuraciones aplicadas en el orden personalizado le dicen a Excel lo siguiente, primero debes ordenar las celdas de manera que todas las que estén rellenas con el color azul más bajito queden arriba y el azul más fuerte abajo, para después, dentro de esos dos grupos, ordenar por separado las cadenas de texto de A – Z.

10.1.2 Orden de dos columnas adyacentes

Ahora bien, ¿qué pasa si queremos ordenar una columna con otra adyacente? Mira el siguiente ejemplo, supongamos que tenemos las dos columnas de la imagen 10.12 y queremos ordenar los productos de la columna A por orden alfabético (A – Z) manteniendo la relación del producto con su precio.

	A	B
1	Computadora	$20,000.00
2	Celular	$ 8,000.00
3	Tableta	$12,000.00
4	Teclado	$ 300.00
5	Bocina	$ 700.00
6	Pantalla	$ 4,000.00

Imagen 10.12 Ejemplo de ordenar

Lo único que tenemos que hacer es colocar la celda activa dentro de la columna A, porque en base a esa columna se quiere ordenar la tabla, y ordenar como comúnmente lo haríamos.

	A	B
1	Bocina	$ 700.00
2	Celular	$ 8,000.00
3	Computadora	$20,000.00
4	Pantalla	$ 4,000.00
5	Tableta	$12,000.00
6	Teclado	$ 300.00

Imagen 10.13 Resultado de ordenar ambas columnas

Los precios no se vieron afectados ¿cierto? Esto lo hace Excel por defecto, para facilitarnos el ordenar tablas, y lo mismo podemos hacer si en lugar de ordenar en base a los productos, ordenáramos en base a los precios.

10.1.3 Orden de datos en horizontal

Para esto, usaremos nuevamente el orden personalizado. Imagina que tenemos una lista como la de la imagen 10.14 y queremos ordenar la lista de los productos por orden alfabético.

	A	B	C	D	E
1		Manzana	Uva	Tamarindo	Calabaza
2	Precio del Kg	$ 30.00	$ 50.00	$ 150.00	$ 70.00

Imagen 10.14 Lista ejemplo

Seleccionamos la tabla, dejando fuera la columna A para que no se involucre en el ordenamiento y accedemos a la herramienta previamente mencionada. En el cuadro de dialogo presionamos el botón **Opciones**, desde allí podemos especificar que queremos que el orden se aplique de manera horizontal, es decir, de izquierda a derecha.

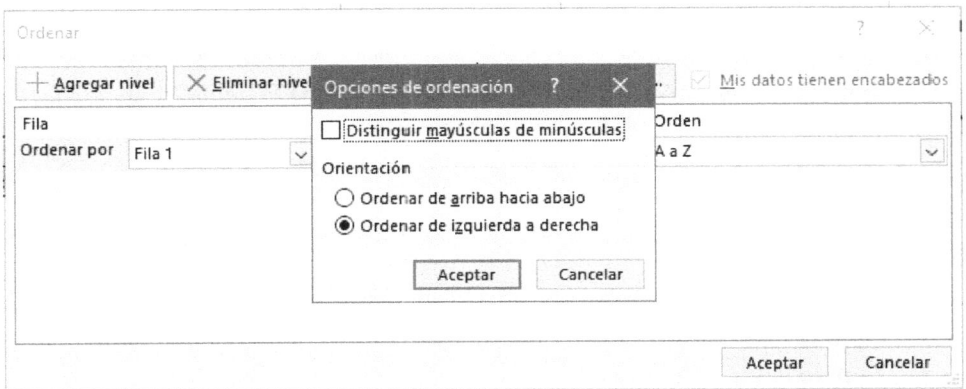

Imagen 10.15 Elegir "Ordenar de izquierda a derecha"

Una vez hayamos hecho esto, en el desplegable de la columna **Fila** elegimos *Fila 1* porque ahí es donde se encuentran los productos que deseamos ordenar.

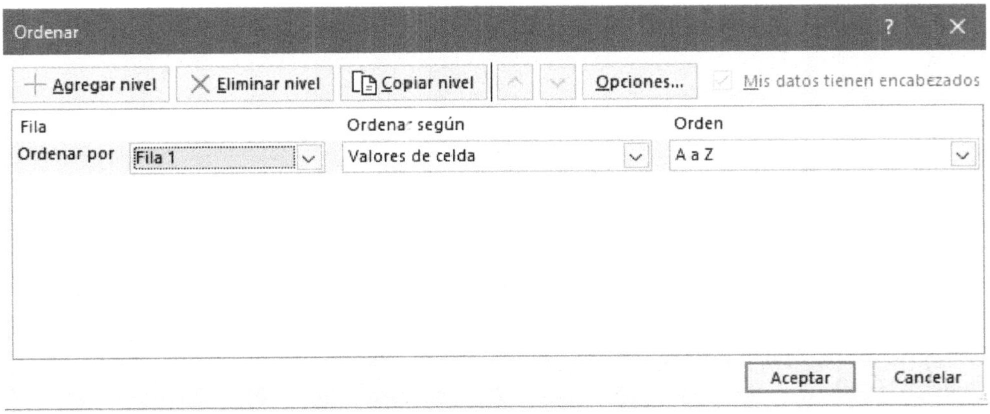

Imagen 10.16 Cuadro para ordenar horizontalmente

Y el resultado será similar al de la siguiente imagen.

◢	A	B	C	D	E
1		Calabaza	Manzana	Tamarindo	Uva
2	Precio del Kg	$ 70.00	$ 30.00	$ 150.00	$ 50.00

Imagen 10.17 Resultado

Vemos que nuestro resultado es satisfactorio y que la celda A2 no se afectó, pero si se hubiera dejado la celda activa sobre cualquier parte de la tabla, se hubiera ordenado, por eso era importante que no se seleccionara esta columna.

10.2 FILTRAR

Un filtro nos permite buscar en una columna de información, algún dato o una relación de datos en específico. Vamos a ver un ejemplo para conocer cómo es que funcionan los filtros. Supongamos que tenemos el rango de la imagen 10.18 y queremos saber los valores que estén por encima de $15.

$ 10.00
$ 15.00
$ 30.00
$ 40.00
$ 7.00
$ 9.00
$ 20.00
$ 40.00

Imagen 10.18 Rango ejemplo para filtrar

Podemos o no seleccionar todo el rango, como lo hacíamos para *Ordenar* y nos vamos a la **Ficha Inicio / Grupo Edición**[13] **/ Ordenar y filtrar / Filtro**, lo que generará la aparición de una flechita en el "encabezado" como se observa en la imagen 10.19.

---

13 Recordemos que este grupo cambia según la versión de Excel, es decir, también lo podemos encontrar como Grupo Modificar.

$	10.0 ▼
$	15.00
$	30.00
$	40.00
$	7.00
$	9.00
$	20.00
$	40.00

Imagen 10.19 Filtro establecido

> ### ⓘ NOTA
>
> Como nuestro rango no tenía un encabezado, Excel está utilizando el dato $10 como uno, así que $10 no participara en la aplicación de los filtros.

Damos clic en la flechita y vemos que tenemos múltiples opciones para ordenar y para filtrar, estos se verán con detalle más adelante, por el momento nos enfocaremos en aplicar un filtro nada más, así que en el menú contextual abriremos la opción **Filtros de número** para elegir **Mayor que...**

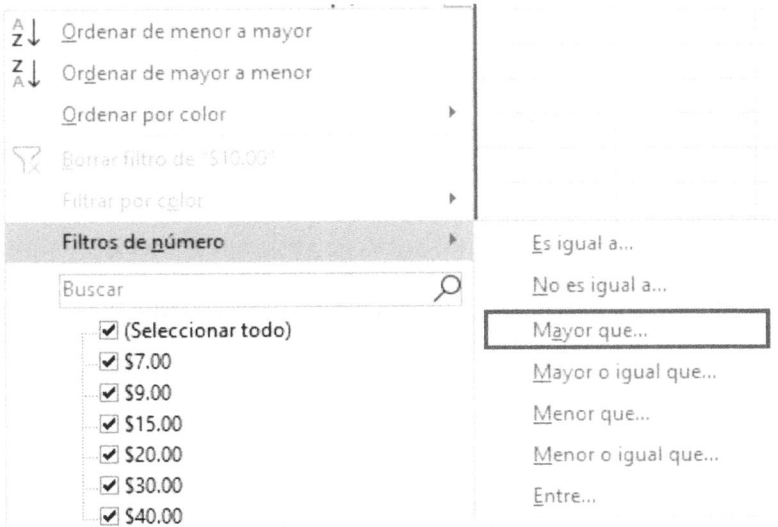

Imagen 10.20 Aplicando filtros

Nos saldrá el siguiente cuadro de diálogo.

Autofiltro personalizado   ?   ✕

Mostrar las filas en las cuales:
$10.00

| es mayor que   ∨ | ∨ |

⦿ Y ○ o

| ∨ | ∨ |

Use ? para representar cualquier carácter individual
Use * para representar cualquier serie de caracteres

[Aceptar]   [Cancelar]

Imagen 10.21 Aplicar un filtro personalizado

Analicemos un poco las configuraciones. Primero, el diálogo nos está indicando que estamos filtrando los datos de la columna $10.00 (Imagen 10.22), y ya se explicó la razón del nombre de esta columna. Segundo, aunque hayamos elegido un filtro **Mayor que…** del menú contextual, podemos cambiarlo desde el desplegable mostrado en la imagen 10.23.

Mostrar las filas en las cuales:
$10.00

Imagen 10.22 Criterio para filtrar

es mayor que   ∨

Imagen 10.23 Criterio para filtrar

Ahora, para establecer el criterio del filtro, tenemos la lista desplegable grande junto a la lista pequeña de la imagen 10.23, desde la cual podemos elegir el valor a tomar en cuenta para el filtro, como se aprecia en la imagen 10.24.

Autofiltro personalizado   ?   ✕

Mostrar las filas en las cuales:
$10.00

| es mayor que   ∨ | ∨ |

⦿ Y ○ o

| ∨ | $7.00   ∧ |
                             $9.00
Use ? para representar cualquie $15.00
Use * para representar cualquier $20.00
                             $30.00
                             $40.00   ∨

[Aceptar]   [Cancelar]

Imagen 10.24 Desplegable para elegir el valor que se va a evaluar

Como se mencionó anteriormente, el valor $10 no está participando en el filtro pues está haciendo la labor del encabezado de los datos y como ya se mencionó también, usaremos el valor $15 para que Excel nos muestre únicamente los valores superiores a este. Damos clic en aceptar. El resultado debe verse como el siguiente.

$	10.0
$	30.00
$	40.00
$	20.00
$	40.00

Imagen 10.25 Rango con filtro

Vemos que efectivamente desaparecieron los valores inferiores a $15.

Ahora, si queremos modificar el filtro, damos clic sobre la flechita que ahora tiene una forma como de embudo, lo que nos indica que tenemos un filtro activo en el rango, y damos clic nuevamente en **Filtros de número** que como se puede observar en la imagen 10.26, tiene una palomita, esto indica también que tenemos un filtro activo.

En la segunda lista desplegable damos clic sobre el elemento que esté con palomita también, esto nos abrirá el cuadro de diálogo de la imagen 10.21 y desde allí, podremos realizar los cambios pertinentes.

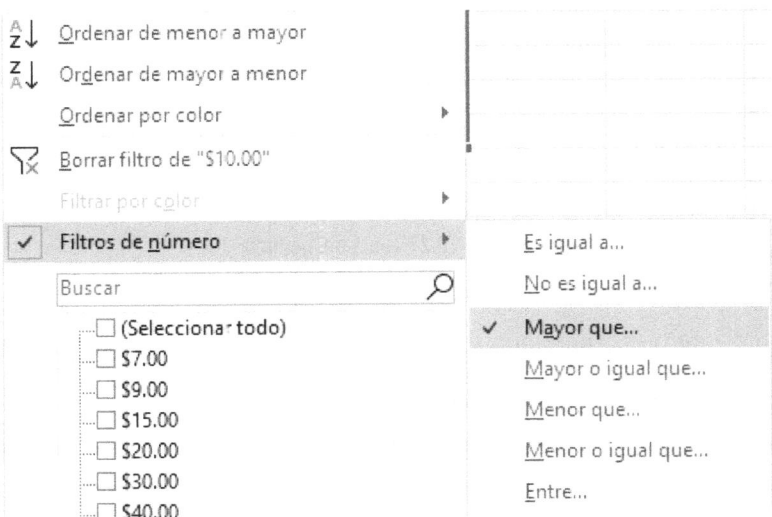

Imagen 10.26 Modificar / reemplazar filtros

Pero si en lugar de modificar el filtro, quisiéramos reemplazarlo por otro, simplemente tendríamos que elegir una opción distinta de la segunda lista y **no** el que tiene la palomita.

Ahora bien, tenemos dos opciones para eliminar un filtro, la primera es dando clic sobre la opción **Borrar filtro de "$10.00"** (lo que va entre comillas es el título del encabezado así que esto varía según el rango que se esté filtrando) y la segunda es activando la casilla de verificación que dice **(Seleccionar todo)**. Se accede a ambas opciones desde la lista desplegable de los filtros (Imagen 10.20).

10.2.1 Aplicación de filtros a una tabla

A continuación, te mostrare paso a paso como manejar los filtros dentro de una tabla, para ello, nos basaremos en el ejemplo contenido en la hoja "Filtros" del libro del capítulo, esto con el objetivo de que en la actividad 25, puedas realizarlo tu solo. Allí, tenemos una pequeña tabla como la siguiente.

	A	B	C	D	E	F
1			Bebidas			
2						
3						
4	Producto	Nombre	Precio			
5	Refresco	Cola	$ 15.00			
6	Agua	Natural	$ 14.00			
7	Agua	Mineral	$ 30.00			
8	Jugo	Naranja	$ 8.00			
9	Jugo	Manzana	$ 8.00			
10	Jugo	Uva	$ 8.00			
11	Energizante	Coco	$ 18.00			
12	Energizante	Natural	$ 16.00			

Imagen 10.27 Tabla de ejemplo

Lo primero que haremos será colocar la celda activa dentro del rango que conformará la tabla, después nos vamos a la **Ficha Inicio / Grupo Estilos / Dar formato como tabla**, esto nos desplegará una serie de opciones de diseño para darle formato a la futura tabla; elegimos el tema que más nos guste, en mi caso elegiré Oro, Estilo de tabla medio 19.

Imagen 10.28 Algunas opciones de estilos a aplicarle a la tabla

Vemos que toda la tabla se seleccionó automáticamente, adicionalmente se desplegó un cuadro de dialogo en el que se especifica el rango en el que se ubica la misma, y se nos solicitó confirmar si la tabla cuenta con encabezados (si desactivamos la casilla, Excel les asignará encabezados genéricos a las columnas), en este caso, nuestra tabla sí cuenta con ellos.

No debería fallar la selección automática de la tabla, pero en caso de que pasara, puedes dar clic sobre el botón con forma de flecha que está apuntando hacia arriba para seleccionar manualmente el rango en donde se ubica la tabla.

Una vez damos clic en aceptar, el resultado tendría que verse como el de la imagen 10.29, claro con tu estilo propio.

	A	B	C	D	E	F
1			**Bebidas**			
2						
3						
4	**Producto** ▾	**Nombre** ▾	**Precio** ▾			
5	Refresco	Cola	$ 15.00			
6	Agua	Natural	$ 14.00			
7	Agua	Mineral	$ 30.00			
8	Jugo	Naranja	$ 8.00			
9	Jugo	Manzana	$ 8.00			
10	Jugo	Uva	$ 8.00			
11	Energizante	Coco	$ 18.00			
12	Energizante	Natural	$ 16.00			

Imagen 10.29 Rango con formato como tabla

Vemos que, en los encabezados, se insertaron unas flechitas como pasaba cuando insertábamos filtros individuales y podemos comprobar que el menú contextual **no** es diferente al que conocimos, al desplegar el menú del encabezado "Producto", por ejemplo.

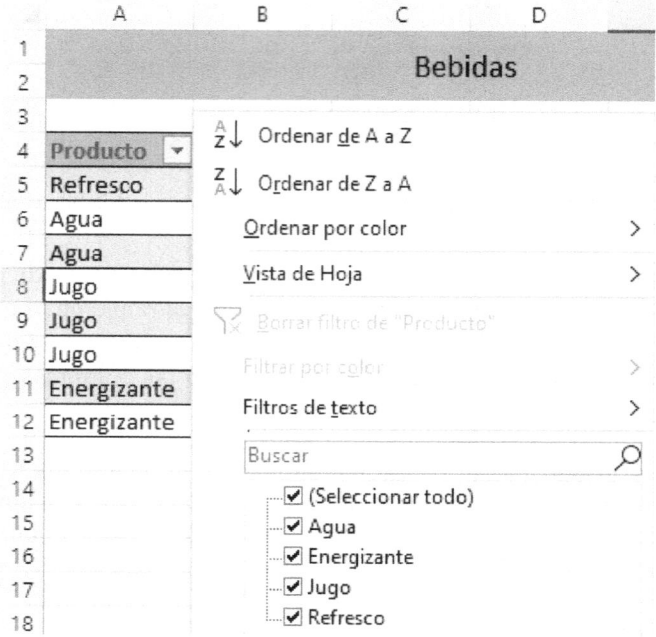

Imagen 10.30 Menú contextual del filtro del encabezado

Dentro de este menú tenemos listados los productos junto a unas casillas de verificación que podemos activar o desactivar según la búsqueda que queramos realizar, por ejemplo, si quisiéramos visualizar únicamente los jugos, tendríamos que desactivar todas las casillas menos la de **Jugo**. En caso de que tuviéramos muchos elementos listados, Excel pone a nuestra disposición una barra de búsqueda que se encuentra justo por encima de la lista.

La casilla **(Seleccionar todo)** sirve para activar o desactivar todas las casillas, aunque toma en cuenta que Excel no nos permite tener todo desactivado, así que tendrás que seleccionar por lo menos una casilla para poder aplicar el filtro.

La ventaja de las tablas es que podemos trabajar en conjunto con los filtros de todas las columnas, por ejemplo, en la imagen 10.33 se activó un filtro en la columna **Producto** para que solo despliegue los *Jugos* (Imagen 10.31) y otro en la columna **Nombre** para que **no** muestre los de sabor *Uva* (Imagen 10.32).

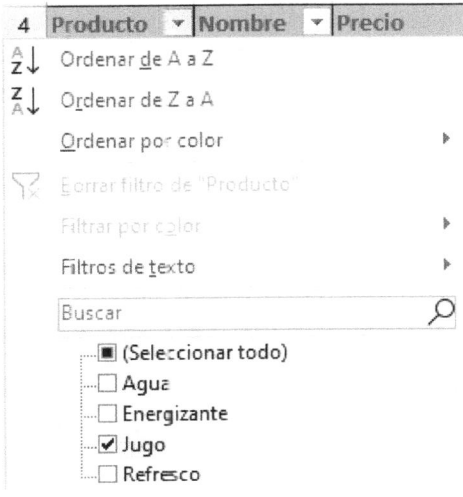

Imagen 10.31 Filtro en la columna producto

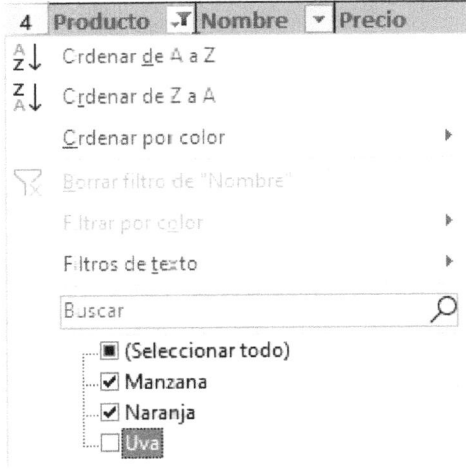

Imagen 10.32 Filtro en la columna nombre

4	Producto	Nombre	Precio	
8	Jugo	Naranja	$	8.00
9	Jugo	Manzana	$	8.00

Imagen 10.33 Resultado de aplicar filtros en conjunto

....

TIP: a la hora de estar trabajando con filtros, es muy recomendable, pensar siempre de lo más general a lo más específico, es decir, tomando como base el ejemplo anterior, podemos aplicar la siguiente estructura: primero quiero desplegar únicamente a los jugos y después quiero quitar los de sabor uva. Lo podríamos hacer al revés puesto que es una tabla bastante pequeña y sencilla, pero para tablas más complejas y extensas, te recomiendo implementar este orden.

....

10.2.2 Subtotales

Esta función nos permite obtener un subtotal de un rango de celdas con una función específica. La ventaja de esta función es que, al ocultar filas (solo filas, no columnas) estas no aparecerán en el resultado, a diferencia de todas las otras funciones que hemos estudiado, las cuales no excluirán del resultado a las filas ocultas.

Tenemos 22 opciones de funciones, que SUBTOTALES puede implementar, las primeras 11 (1 – 11) sí cuenta las celdas ocultas y las otras 11 (101 – 111) no cuenta las celdas ocultas.

Imagen 10.34 Opciones de funciones del 1 al 11 para aplicar un subtotal

Imagen 10.35 Opciones de funciones del 101 al 111 para aplicar un subtotal

Veamos un ejemplo de la aplicación de esta función, en la misma hoja de Excel con la que hemos venido trabajando. Si quisiéramos contar cuantos sabores tenemos de bebidas energizantes, primero tendríamos que aplicar el filtro correspondiente en la columna **Producto**, después, debajo de la tabla[14], escribimos la siguiente fórmula.

```
=SUBTOTALES(3,Tabla1[Producto])
```

Podemos ver en la imagen 10.36 que el resultado es un 2, y eso es correcto, solamente tenemos dos sabores de bebidas energizantes.

	A	B	C	D	E	F
1			Bebidas			
2						
3						
4	Producto	Nombre	Precio			
11	Energizante	Coco	$ 18.00			
12	Energizante	Natural	$ 16.00			
13						
14	2					

Imagen 10.36 Función SUBTOTALES aplicada con filtros

---

14 ¿Por qué específicamente debajo de la tabla? Porque si la escribimos a un costado, la aplicación de algún filtro podría ocultarla también puesto que los filtros, ocultan a toda la fila.

Ahora, en una celda adyacente, escribe la misma fórmula, pero esta vez con la función CONTARA directamente.

```
=CONTARA(A5:A31)
```

El resultado es un 8, pues se están contando todas las filas, incluyendo las que están ocultas.

10.3 BUSCAR Y REEMPLAZAR

Para cerrar con este capítulo y con el libro en sí, vamos a tratar un tema que, aunque no se relaciona tanto con el tema principal de este, nos será de mucha utilidad para trabajar de una manera más eficiente con Excel, además complementa muy bien el tema de ordenar y filtrar.

10.3.1 Buscar

Esta herramienta se encuentra en el mismo grupo que *ordenar y filtrar*, dentro de la **ficha Inicio** y se accede a ella desde el menú desplegable *Buscar y reemplazar* y permite buscar una palabra o una frase dentro del libro de Excel.

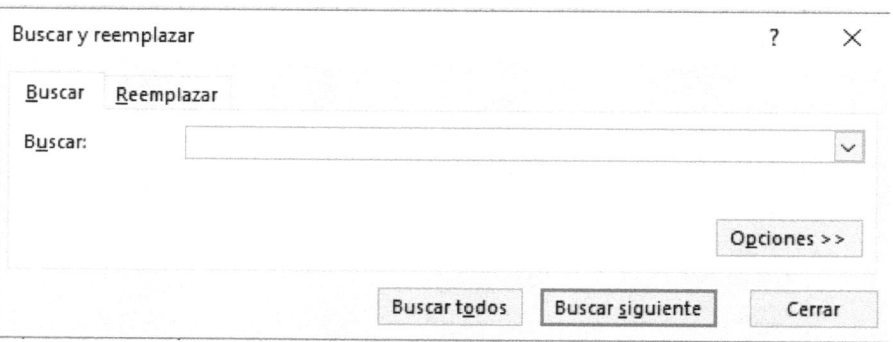

Imagen 10.37 Cuadro buscar

Tenemos dos formas de buscar, la primera se llama *Buscar todas* y nos mostrará todos los resultados a la vez que coincidan con el criterio de búsqueda, y la segunda se conoce como *Buscar siguiente*, la cual nos mostrará de uno en uno, todos los resultados coincidentes.

Vamos a realizar un ejemplo con el rango de la imagen 10.38, el cual se encuentra en el libro del capítulo, en la hoja “Buscar”, para que practiques a la par de la lectura de este apartado. Cabe mencionar que el resto de la hoja de cálculo está vacía.

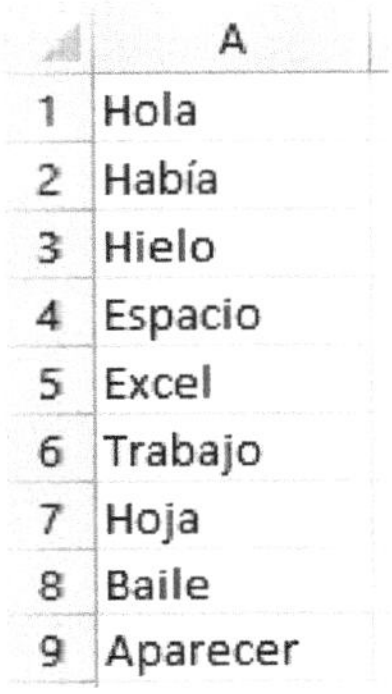
A
1 Hola
2 Había
3 Hielo
4 Espacio
5 Excel
6 Trabajo
7 Hoja
8 Baile
9 Aparecer

Imagen 10.38 Rango ejemplo

Haciendo uso del primer método de búsqueda, en el mismo cuadro de dialogo de la imagen 10.37, se nos desplegará una tabla con todos los resultados que coinciden con el criterio de búsqueda.

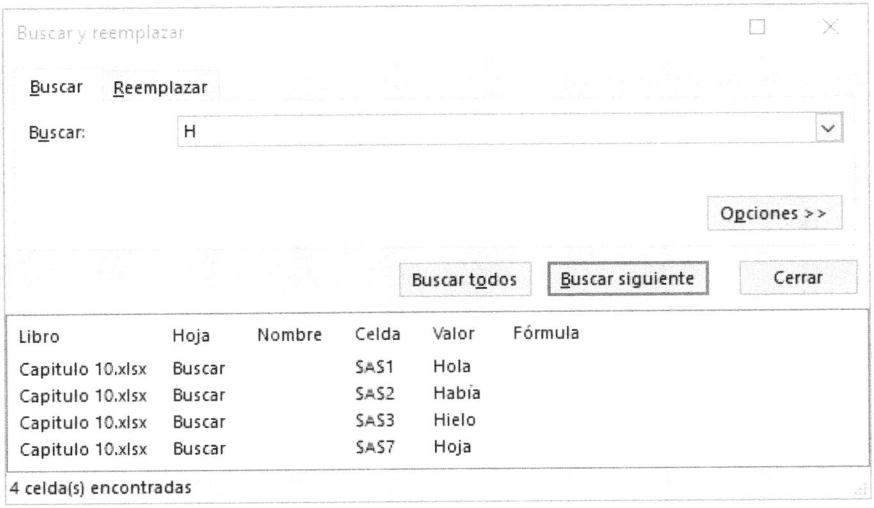
Buscar y reemplazar
Buscar
Reemplazar
Buscar:
H
Opciones >>
Buscar todos
Buscar siguiente
Cerrar
Libro Hoja Nombre Celda Valor Fórmula
Capitulo 10.xlsx Buscar $A$1 Hola
Capitulo 10.xlsx Buscar $A$2 Había
Capitulo 10.xlsx Buscar $A$3 Hielo
Capitulo 10.xlsx Buscar $A$7 Hoja
4 celda(s) encontradas

Imagen 10.39 Buscar todas las coincidencias

Vemos que dentro de la tabla han aparecido 4 coincidencias a nuestra búsqueda. Quiero enfatizar que estas búsquedas no son sensibles a mayúsculas y minúsculas, es decir, podemos buscar "h" en lugar de "H" y seguirían apareciendo estos mismos 4 resultados, puesto que no configuramos esta parte.

Si utilizamos el segundo método de búsqueda, Excel nos desplazara entre las celdas para que podamos ubicar nuestros resultados, cada vez que demos clic sobre el botón *Buscar siguiente*.

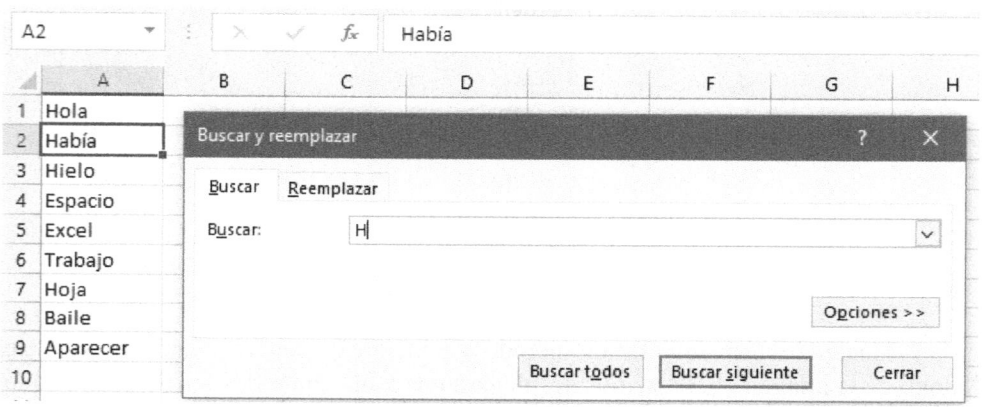

Imagen 10.40 Buscar siguiente

Ahora veamos en qué aspectos podemos personalizar las búsquedas dando clic sobre el botón *Opciones*.

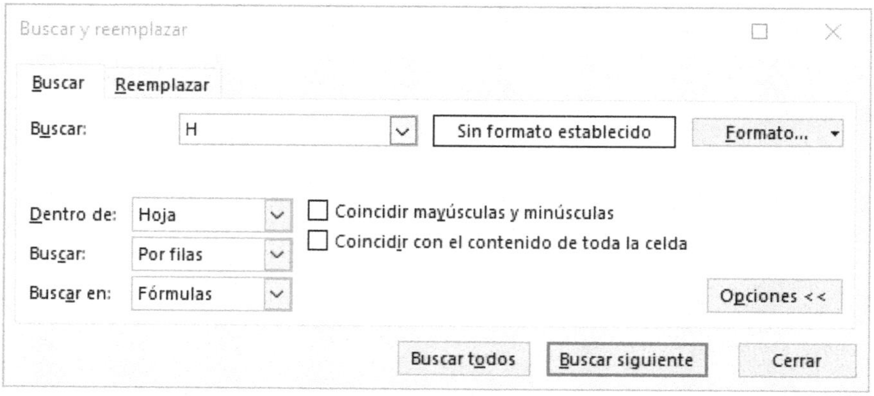

Imagen 10.41 Opciones

Desde las configuraciones desplegadas en el diálogo de la imagen 10.41, podemos indicarle a Excel si queremos una búsqueda sensible a mayúsculas y minúsculas, si lo que estemos buscando debe coincidir con todo el contenido de la celda o solo con alguna parte, incluso podemos indicarle a Excel si queremos buscar por un color de celda especifico o por el formato del texto.

También podemos decirle a Excel en dónde quiere que busque, si solo en la hoja de cálculo actual, en todo el libro, dentro de las fórmulas, dentro de los comentarios, etcétera; así como el método de búsqueda, por columnas o por filas, de esta forma podemos hacer muy específicas nuestras búsquedas.

10.3.2 Reemplazar

Esta herramienta que se encuentra justo debajo de **Buscar**, dentro del mismo menú contextual, nos permite buscar una palabra o frase y reemplazarla por alguna otra.

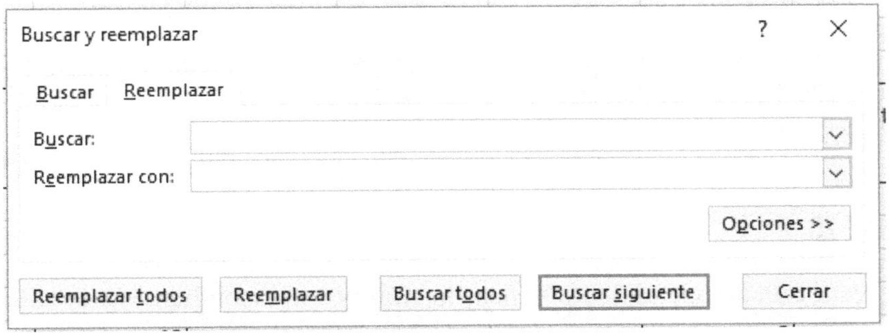

Imagen 10.42 Cuadro reemplazar

Vemos que el diálogo cuenta con los mismos botones para buscar, pero añade los correspondientes a la función de reemplazar, esto es para que primero puedas conocer cuántos reemplazos se van a realizar si así lo deseas, es decir, si le das clic a *Buscar todos* te aparecerán todas las coincidencias, tal cual como lo hicimos anteriormente, y después de cerciorarte que, efectivamente todos esos resultados se quieren modificar, entonces ya puedes *Reemplazar todos* o ir *Reemplazar* uno por uno.

Con el botón *Opciones* podemos personalizar de la misma forma la búsqueda, que dará paso a los reemplazos, como lo hacíamos con la opción **Buscar**.

10.4 ACTIVIDADES PARA REFORZAR LO APRENDIDO

Las actividades de cierre para reforzar lo aprendido en el capítulo diez se describen a continuación.

Actividad 24

Para esta actividad deberás ordenar las listas que se encuentran en la hoja de cálculo con las siguientes especificaciones.

La **lista 1** debe estar ordenada de menor a mayor y con el color verde más bajito arriba.

La **lista 2** debe estar ordenada de mayor a menor con el color azul más bajito abajo.

La **lista 3** debe estar ordenada de más antiguo a más reciente, las celdas con el color café de fuente y las celdas con el color verde más bajito arriba.

Finalmente, la **lista 4** debe estar ordenada de mayor a menor según los años de office, con el color azul más fuerte arriba y con los nombres de los programas ordenados de forma alfabética.

Actividad 25

Para esta actividad debes aplicar los filtros correspondientes a la tabla (una vez que le des este formato), para contestar las preguntas que vienen en el documento llamado "Actividad 25.pdf".

Actividad 26

Para esta actividad tendrás que aplicar los conocimientos que adquiriste en el capítulo 10.3 respecto a la búsqueda y el reemplazo, para responder las preguntas contenidas en la tabla azul.

Apéndice A

PROYECTO FINAL

Este proyecto pondrá a prueba todo tu conocimiento sobre Excel, repasaremos los temas más importantes expuestos en este libro y podrás poner en práctica todo el conocimiento que adquiriste, con el objetivo de terminar de afianzar los conceptos tratados. ¿Estás listo? ¿Aceptas el reto? Bueno, pues ¡Comencemos!

Para este proyecto, te convertirás en el gerente general de una línea de autobuses, la cual cuenta con múltiples empleados que hay que gestionar. El libro de Excel con el que vamos a trabajar cuenta con 5 hojas de cálculo. Las indicaciones para resolver los ejercicios que se encuentran dentro de cada una de ellas, se exponen en los siguientes apartados.

Te aconsejo, primero leer todas las indicaciones de cada apartado antes de irte a resolver los ejercicios en Excel, para que tengas un panorama completo de lo que se requiere hacer y si lo necesitas, puedes volver a las indicaciones cuantas veces lo creas necesario.

A.1. PLANTILLA

¿Qué hay que hacer en esta hoja?

1. Darle un nombre a la línea.

2. Completar las horas trabajadas de los empleados auxiliares, en base a los ausentismos de los empleados oficiales.

3. Llenar el reporte general.

Lo primero que tienes que hacer es, darle un nombre a tu línea de autobuses por supuesto, sino ¿cómo se dará a conocer? Podrás escribirlo en la celda C4. Se le añadirá un "plus" al nombre.

Podrás notar que algunas celdas de la columna I (**horas trabajadas**) están vacías y que se corresponden con empleados auxiliares, así que, como gerente de esta línea de autobuses, tendrás que realizar un cálculo para obtenerlas, pues estos empleados solo cubren los ausentismos de los empleados oficiales. Y de esta forma, se les pueda proporcionar el pago por su trabajo correspondiente.

E	F	G	H	I	J
MATUTINO	CHOFER	AUXILIAR	EVENTUAL		
VESPERTINO	CHOFER	AUXILIAR	EVENTUAL		
NOCTURNO	CHOFER	AUXILIAR	EVENTUAL		
JORNADA COMPLETA	CHOFER	AUXILIAR	BASE		

Imagen A.1 Columnas de la tabla a llenar de la hoja *Plantilla*

Para poder llenar la columna I, primero, en la columna J, según el turno del empleado auxiliar (matutino, vespertino o nocturno), tendrás que **obtener las horas que los oficiales del mismo turno no completaron** (los empleados oficiales deben cubrir 180 horas cada uno).

Ahora sí, en la columna I tendrás que **evaluar si los empleados auxiliares superan las 59 horas trabajadas**, si esto es así, tendrás que asignarle únicamente **la mitad de las horas** de la columna J al empleado auxiliar, redondeadas a cero decimales, **y lo restante, pasárselo al empleado de jornada completa**. Para que puedas identificar más fácilmente qué auxiliares superan las 59 horas, la hoja de cálculo contiene un formato condicional precargado que te indicará sobre esta situación, rellenando la celda de la columna J en verde.

Dentro de esta misma hoja hay un **reporte general**, el cual debes contestar apoyándote de las funciones que vimos en las secciones anteriores. De preferencia utiliza referencias absolutas.

NOTA

La tabla que alberga las características de los autobuses, se encuentra a partir de la fila Q.

A.2. REPORTE

En esta hoja, como gerente, debes **llenar el reporte** específico en base a la tabla de la plantilla del personal de la empresa, que acabamos de completar en el apartado anterior. Este reporte cuenta con un grado de mayor dificultad que el reporte general que llenaste anteriormente. De preferencia también usa referencias absolutas para este ejercicio.

> (i) **NOTA**
>
> Para el valor buscado de las últimas dos funciones (se requiere de BUSCARV o de BUSCARX) deja la referencia a 021 relativa, pues teniendo la primera respuesta, puedes autorrellenar a la segunda pregunta.

A.3. NÓMINA

Nos vamos a basar en la plantilla de los empleados (la primera hoja que completamos) para todos los cálculos que realizaremos en esta sección.

Como gerente de esta compañía, es tu labor obtener el sueldo de cada uno de tus empleados y realizarles el pago correspondiente por su trabajo, así que será necesario llenar un par de campos para cumplir con esta tarea.

En el campo **sueldo neto** de la tabla con encabezados en color azul, tendrás que calcular el sueldo completo de los empleados, multiplicando las horas trabajadas por el sueldo por hora según su puesto. Puedes revisar que el orden de los códigos es igual al de la hoja "Plantilla", así que, haciendo el primer cálculo puedes autorrellenar las celdas de los demás empleados.

En el campo **impuesto** tendrás que obtener el 10% del sueldo neto, pues el gobierno del país en donde estableciste tu línea de autobuses exige para él, el 10% del sueldo de los empleados que laboran en esa región.

En el campo **abono** tendrás que calcular el 2% del sueldo neto, pues los empleados están planeando un viaje por el aniversario de su empresa y deben abonar el 2% de su sueldo.

En el campo **¿Bono?** Tendrás que decidir si el empleado obtuvo un bono, esto se logra si el empleado trabajó al menos 170 de sus 180 horas.

En el campo **sueldo total** tendrás que restarle al sueldo neto el impuesto y el abono, pero sumarle $500 si el empleado obtuvo un "SI" en el campo anterior.

En el campo **nombre** tendrás que concatenar el nombre del empleado con su apellido.

En el **reporte de nómina**, debes llenar la primera columna (*¿De cuánto fue?*) con los valores numéricos correspondientes con lo que pide la pregunta, en la segunda columna (*¿De quién fue?*) tendrás que poner el nombre completo del empleado en base a la concatenación que ya realizaste, según la pregunta. Finalmente, en la tercera columna (*¿Qué puesto tiene?*) Tendrás que anidar dos funciones BUSCARV, para buscar el puesto del empleado en base a su nombre.

Como **apoyo a esta última tarea**, puedes revisar la siguiente fórmula en la que, el BUSCARV anidado, en base al nombre debe obtener el código (por eso el código de los empleados aparece en el último campo de la tabla), para que, en base a ese código, el primer BUSCARV pueda obtener el puesto del empleado en base a su código en la hoja "Plantilla".

```
=BUSCARV(BUSCARV(…),Plantilla!$A$7:$I$39,6,FALSO)
```

Las últimas dos preguntas del **reporte de nómina** varían, puesto que los últimos dos campos no será necesario llenarlos. Solamente en el campo *¿de quién fue?* De la pregunta *Suma de los bonos*, tienes que indicar, la cantidad de empleados que se ganaron el bono.

A.4. BÚSQUEDA

En esta hoja, como gerente de la compañía, construirás un cuadro de búsqueda de empleados, para que puedas ubicarlos de una forma mucho más eficiente. En este ejercicio seguirás practicando con las funciones BUSCARV y SI.ERROR O BUSCARX, SI y la **concatenación**. Para que se vea mejor, esta hoja también tiene precargado un formato condicional, que resalta en verde la celda, si el empleado es chofer o si se ganó el bono.

NOTAS PARA LA ACTIVIDAD

1. Si el empleado no es chofer o el código no existe, todos los campos de la tabla que hacen referencia al autobús que conduce deberán decir "NO" (a excepción del código, ese se puede quedar como '0').

2. El bono se lo ganaron los empleados que trabajaron 170 horas o más.

3. Si el código no existe, todos los campos deberán decir "NO EXISTE" y el campo *¿Bono?* Deberá mostrar un guion (-).

A.5. VIAJE

Para concluir el proyecto, tendrás que construir la tabla con encabezados azules y el reporte de viaje, para que conozcas, como el gerente que eres, cómo van los pagos de los empleados para el viaje del aniversario de la compañía.

En el campo **adelanto** tendrás que sumar todos los abonos que el empleado ha dado desde que inició el año.

En el campo **situación** tendrás que decidir si el empleado podrá participar en el viaje, esto en base a los abonos que ha dado, pues si el empleado dio más del valor en J1 ($1200), su situación será "LE SOBRÓ" y se le tendrá que regresar lo que dio de más, si lo que debe el empleado es menor a $500 su situación será "FALTA" y podrá pagarlo hasta el siguiente mes. Si lo que debe el empleado es menor a $1000 debe "PAGAR YA" para poder asistir, es decir, además de su abono, deberá liquidar su deuda este mes y si lo que el empleado debe es mayor o igual a $1000, su situación será "NO VA A IR" y se le regresará lo poco que dio.

En el campo **dinero** tendrás que especificar cuánto le falta por pagar al empleado (positivo) o cuánto le tiene que regresar la empresa (negativo).

A continuación, tendrás que llenar el **reporte de viaje**, que está dividido en dos partes. La primera, la llenarás con ayuda de la función CONTAR.SI. Y la segunda parte, la llenarás con ayuda de las funciones SUMA, SUMAR.SI y algunos operadores aritméticos. Para esta segunda parte del reporte, hay algunos puntos a considerar en esta segunda parte del informe:

1. La **suma del dinero que debe ser devuelto**, debe estar en positivo.

2. La **suma del dinero abonado hasta junio**, no contempla el dinero devuelto, es decir, no le restes esta cantidad a esta operación, simplemente suma la columna H.

3. Hay que recordar que el dinero que será pagado el siguiente mes es para los empleados que "FALTA" y el de "PAGAR YA" se debe liquidar este mismo mes de junio.

4. El **total del dinero que se pagó este mes** será la suma de la columna G con el dinero que se debe "PAGAR YA".

5. Para el **total de lo recaudado**, deberás sumar el dinero abonado hasta junio con el que se cobrará este mes por "PAGAR YA" y ahora sí, restarle el dinero que debe ser devuelto.

6. El **dinero requerido para hacer el viaje** solo contempla a los empleados que sí asistirán (este dato ya lo calculaste en la primera parte del informe) multiplicado por la celda J1.

7. El **dinero que falta por liquidar del viaje** debe ser igual al de la celda M17, pues es el único dinero que hace falta por liquidar, si no es así, algún cálculo se realizó de forma incorrecta.

A.6. SOLUCIÓN

En el libro de la solución del proyecto, implementé las funciones compatibles necesarias para que lo puedas abrir con cualquier versión de Excel. Si tienes la versión 2019 o 365 de este programa de hojas de cálculo, tu labor en este apartado será el adaptar las fórmulas, haciendo uso de las nuevas funciones, es decir, debes sustituir a la función BUSCARV por BUSCARX y a la función CONCATENAR por UNICADENAS.

Apéndice B

DICCIONARIO DE FUNCIONES

A continuación, te muestro cómo consultar este diccionario de funciones en el que se exponen las características de todas las estudiadas a lo largo de los capítulos del libro, así como algunos temas de vital importancia que tenemos que tratar para evitar posibles problemas y confusiones a la hora de trabajar con las funciones.

B.1. FÓRMULA

Este campo de la tabla del apartado B.5 contiene con letras grandes y negritas el nombre de la función en Excel en español. Debajo de este nombre aparece con letra más pequeña y sin negritas el nombre de la función en Excel en inglés.

Además, si la función sufrió un cambio en Excel 2010[15], estará escrito entre paréntesis.

Otra cosa que quiero mencionar es que las funciones BUSCARV y BUSCARH tendrán dos apartados en la tabla, uno dirá (2013) y otro (2019), esto es porque los nombres de sus argumentos fueron cambiados a partir de la versión 2019 de Excel. También la función ÍNDICE tendrá dos apartados puesto que cuenta con dos estructuras.

---

15 En el lanzamiento de Excel 2010, Microsoft opto por cambiarle el nombre a algunas funciones, esto para darles una mejor descripción, pero a los usuarios no les pareció muy buena la idea por lo que, al ver el descontento de sus usuarios, Microsoft decidió lanzar Excel 2010 Service Pack 1, en donde daba marcha atrás a este cambio, a mediados del 2011.

B.2. TIPOS DE DATOS EN LOS ARGUMENTOS

En la columna *argumentos*, se especifican los argumentos de la función, tanto obligatorios como opcionales y en la columna *tipos de datos*, se especifica con qué tipo de dato se llena cada argumento y tenemos las siguientes opciones.

▸ **Numérico**: el argumento debe ser llenado con un número o con referencias a celdas que contengan números.

▸ **Texto**: el argumento debe ser llenado con una cadena de texto o con referencias a celdas que contengan cadenas de texto.

▸ **General**: el argumento debe ser llenado con un número o con una cadena de texto o con referencias a celdas que contengan cualquiera de estos tipos de datos.

▸ **Rango**: el argumento debe ser llenado específicamente con un rango (A1:A5), pero si la función lo permite, también puede ser llenado con referencias independientes (A1,A2,A3,A4,A5).

▸ **Criterio**: el argumento debe ser llenado con una condición lógica (también se puede hacer uso de las referencias, por ejemplo, A1>3).

▸ **Lógico**: el argumento debe ser llenado ya sea con un VERDADERO, FALSO, 1 o 0 (también se puede hacer uso de las referencias, si estas contienen valores lógicos).

B.3. GRUPO

En esta columna se especifica en qué categoría la función está clasificada por Excel.

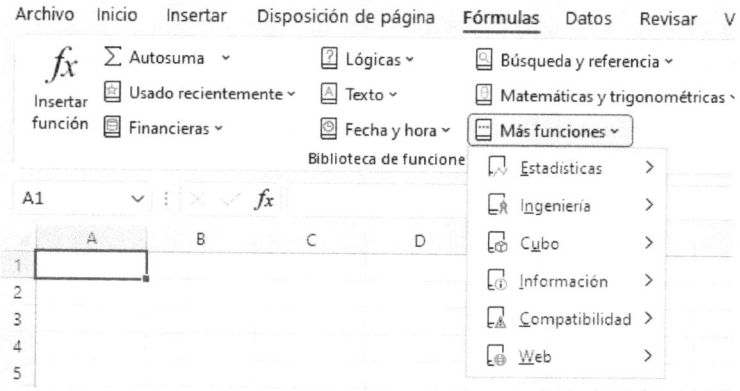

Imagen B.1 Categorías de funciones en Excel

B.4. DISPONIBLE DESDE

En esta columna de la tabla que alberga el diccionario de funciones, se especifica la versión de Excel en la que la función tuvo su primera aparición (tomando como versión más antigua a Excel 2003) y si la función ha sido sustituida y está en modo compatibilidad, hasta qué versión debe utilizarse.

B.4.1. Modo compatibilidad en las funciones

El modo compatibilidad en las funciones es, cuando Microsoft reemplaza una función por otra con mejores características en una nueva versión de Excel, por lo que se recomienda ya no utilizar la función anterior, sino emplear mejor la nueva.

Pero para no crearnos problemas en nuestros libros ya existentes o por si necesitamos abrir algún libro en una versión inferior de Excel, Microsoft no elimina la función anterior en la versión nueva de Excel, la mantiene por razones de compatibilidad con las versiones anteriores.

¿Cómo sabemos que una función está en modo compatibilidad? Porque cuando estamos escribiendo su nombre, aparece un signo de exclamación en la lista desplegable que muestra las sugerencias en base al nombre ingresado, como se observa en la imagen B.2.

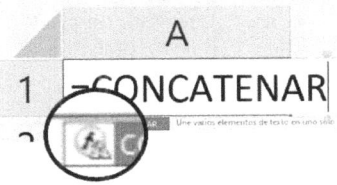

Imagen B.2 Modo compatibilidad

Por ejemplo, en el capítulo 2 hay dos funciones que concatenan cadenas de texto, CONCATENAR y CONCAT, la primera se recomienda usar hasta Excel 2016, porque la segunda aparece en la actualización 2019 sustituyendo a la primera con algunas mejoras.

10.5 B.5. DICCIONARIO DE FUNCIONES

Fórmula	Argumentos	Tipos de datos	Grupo	Disponible desde
ABS ABS	Número	Numérico	Matemáticas y trigonométricas	Excel 2003
AHORA NOW	-	-	Fecha y hora	Excel 2003
ALEATORIO RAND	-	-	Matemáticas y trigonométricas	Excel 2003
ALEATORIO. ENTRE RANDBETWEEN	Inferior Superior	Numérico Numérico	Matemáticas y trigonométricas	Excel 2007
AÑO YEAR	Núm_de_serie	Numérico	Fecha y hora	Excel 2003
BUSCARH (2013) **(CONSULTAH)** HLOOKUP	Valor_buscado Matriz_buscar_en Indicador_filas [Ordenado]	General Rango Numérico Lógico	Búsqueda y referencia	Excel 2003
BUSCARH (2019) **(CONSULTAH)** HLOOKUP	Valor_buscado Matriz_tabla Indicador_ columnas [Rango]	General Rango Numérico Lógico	Búsqueda y referencia	Excel 2003
BUSCARV (2013) **(CONSULTAV)** VLOOKUP	Valor_buscado Matriz_buscar_en Indicador_ columnas [Ordenado]	General Rango Numérico Lógico	Búsqueda y referencia	Excel 2003
BUSCARV (2019) **(CONSULTAV)** VLOOKUP	Valor_buscado Matriz_tabla Indicador_ columnas [Rango]	General Rango Numérico Lógico	Búsqueda y referencia	Excel 2003
BUSCARX XLOOKUP	Valor_buscado Matriz_buscada Matriz_devuelta [si_no_se_ encuentra] [modo_de_ coincidencia] [modo_de_ búsqueda]	General Rango Rango General -1, 0, 1, 2 -2, -1, 1, 2	Búsqueda y referencia	Excel 2019

CELDA CELL	Tipo_de_info [Ref]	Numérico Rango	Información	Excel 2003
COCIENTE QUOTIENT	Numerador Denominador	Numérico Numérico	Matemáticas y trigonométricas	Excel 2007
COINCIDIR MATCH	Valor_buscado Matriz_buscada [Tipo_de_ coincidencia	General Rango -1, 0, 1	Búsqueda y referencia	Excel 2003
CONCAT CONCAT	[texto$_n$]	Texto	Texto	Excel 2019
CONCATENAR CONCATENATE	[texto$_n$]	Texto	Texto	Excel 2003 – 2016 ⚠
CONTAR COUNT	[valor$_n$]	Numérico	Estadísticas	Excel 2003
CONTAR.BLANCO COUNTBLANK	Rango	Rango	Estadísticas	Excel 2003
CONTAR.SI COUNTIF	Rango Criterio	Rango Criterio	Estadísticas	Excel 2003
CONTAR.SI. CONJUNTO COUNTIFS	Rangos Criterios	Rangos Criterios	Estadísticas	Excel 2007
CONTARA COUNTA	[valor$_n$]	General	Estadísticas	Excel 2003
DERECHA RIGHT	Texto [Núm_de_ caracteres]	General Numérico	Texto	Excel 2003
DIA DAY	Núm_de_serie	Numérico	Fecha y hora	Excel 2003
DIASEM WEEKDAY	Núm_de_serie [Tipo]	Numérico Numérico	Fecha y hora	Excel 2003
DIVIDIRTEXTO TEXTSPLIT	Text Col_delimiter [Row_delimiter] [Ignore_empty] [Match_mode] [Pad_width]	General General General Lógico Lógico General	Texto	Excel 2019
ENCONTRAR FIND	Texto_buscado Dentro_del_texto [Núm_inicial]	General General Numérico	Texto	Excel 2003

ENTERO INT	Número	Numérico	Matemáticas y trigonométricas	Excel 2003
ES.IMPAR ISODD	Número	General	Información	Excel 2007
ES.PAR ISEVEN	Número	General	Información	Excel 2007
ESBLANCO ISBLANK	Valor	General	Información	Excel 2003
ESFÓRMULA ISFÓRMULA	Referencia	General	Información	Excel 2013
ESLOGICO ISLOGICAL	Valor	General	Información	Excel 2003
ESNOTEXTO ISNOTEXT	Valor	General	Información	Excel 2003
ESNUMERO ISNUMBER	Valor	General	Información	Excel 2003
ESPACIOS (RECORTAR) TRIM	Texto	General	Texto	Excel 2003
ESTEXTO ISTEXT	Valor	General	Información	Excel 2003
EXTRAE (MED) MID	Texto Posición_inicial Núm_de_ caracteres	General Numérico Numérico	Texto	Excel 2003
FALSO FALSE	-	-	Lógicas	Excel 2003
FECHA DATE	Día Mes Año	Numérico Numérico Numérico	Fecha y hora	Excel 2003
FRAC.AÑO YEARFRAC	Fecha_inicial Fecha_final [Base]	Numérico Numérico Numérico	Fecha y hora	Excel 2007
HALLAR SEARCH	Texto_buscado Dentro_del_texto [Núm_inicial]	General General Numérico	Texto	Excel 2003
HORA HOUR	Núm_de_serie	Numérico	Fecha y hora	Excel 2003
HOY TODAY	-	-	Fecha y hora	Excel 2003
IGUAL EXACT	Texto1 Texto2	General General	Texto	Excel 2003

ÍNDICE (matricial) INDEX	Matriz Núm_fila [Núm_columna]	Rango Numérico Numérico	Búsqueda y referencia	Excel 2003
ÍNDICE (referencial) INDEX	Ref Núm_fila [Núm_columna] [Núm_área]	Rango Numérico Numérico Numérico	Búsqueda y referencia	Excel 2003
INDIRECTO INDIRECT	Ref A1	Rango Lógico	Búsqueda y referencia	Excel 2003
INFO INFO	Info	Texto	Información	Excel 2003
IZQUIERDA LEFT	Texto [Núm_de_ caracteres]	General Numérico	Texto	Excel 2003
K.ESIMO.MAYOR LARGE	Matriz K	Rango Numérico	Estadísticas	Excel 2003
K.ESIMO.MENOR SMALL	Matriz K	Rango Numérico	Estadísticas	Excel 2003
LARGO LEN	Texto	General	Texto	Excel 2003
MAX MAX	[$número_n$]	Numérico	Estadísticas	Excel 2003
MAX.SI. CONJUNTO MAXIFS	Rango_max Rangos Criterios	Rango Rangos Criterios	Estadísticas	Excel 2019
MAYUSC UPPER	Texto	General	Texto	Excel 2003
MEDIANA MEDIAN	[$número_n$]	Numérico	Estadísticas	Excel 2003
MES MONTH	Núm_de_serie	Numérico	Fecha y hora	Excel 2003
MIN MIN	[$número_n$]	Numérico	Estadísticas	Excel 2003
MIN.SI.CONJUNTO MINIFS	Rango_min Rangos Criterios	Rango Rangos Criterios	Estadísticas	Excel 2019
MINUSC LOWER	Texto	Texto	Texto	Excel 2003
MINUTO MINUTE	Núm_de_serie	Numérico	Fecha y hora	Excel 2003

MODA (MODO) MODE	[$número_n$]	Numérico	Estadísticas	Excel 2003 – 2010 ⚠
MODA.UNO MODE.SNGL	[$número_n$]	Numérico	Estadísticas	Excel 2010
MODA.VARIOS MODE.MULT	[$número_n$]	Numérico	Estadísticas	Excel 2010
NO NOT	Valor lógico	Valor lógico	Lógicas	Excel 2003
NOMPROPIO PROPER	Texto	Texto	Texto	Excel 2003
NSHORA (TIEMPO) TIME	Hora Minuto Segundo	Numérico Numérico Numérico	Fecha y hora	Excel 2003
NUM.DE.SEMANA WEEKNUM	Núm_de_serie [Tipo_devuelto]	Numérico Numérico	Fecha y hora	Excel 2007
NUMERO. ROMANO ROMAN	Número [Forma]	Numérico Numérico	Matemáticas y trigonométricas	Excel 2003
NUMERO.ARABE ARABIC	Texto	Texto	Matemáticas y trigonométricas	Excel 2013
O OR	Pruebas lógicas	Criterios	Lógicas	Excel 2003
PI PI	-	-	Matemáticas y trigonométricas	Excel 2003
POTENCIA POWER	Número Potencia	Numérico Numérico	Matemáticas y trigonométricas	Excel 2003
PRODUCTO PRODUCT	[$número_n$]	Numérico	Matemáticas y trigonométricas	Excel 2003
PROMEDIO AVERAGE	[$número_n$]	Numérico	Estadísticas	Excel 2003
PROMEDIO.SI AVERAGEIF	Rango Criterio [Rango_ promedio]	Rango Criterio Rango	Estadísticas	Excel 2007
PROMEDIO.SI. CONJUNTO AVERAGEIFS	Rango_promedio [$Rango\_criterio_n$] [$Criterio_n$]	Rango Rango Criterio	Estadísticas	Excel 2007
RAIZ (RCUAD) SQRT	Número	Numérico	Matemáticas y trigonométricas	Excel 2003

REDOND.MULT MROUND	Número Múltiplo	Numérico Numérico	Matemáticas y trigonométricas	Excel 2007
REDONDEA. IMPAR ODD	Número	Numérico	Matemáticas y trigonométricas	Excel 2003
REDONDEA.PAR EVEN	Número	Numérico	Matemáticas y trigonométricas	Excel 2003
REDONDEAR ROUND	Número Núm_decimales	Numérico Numérico	Matemáticas y trigonométricas	Excel 2003
REDONDEAR. MAS ROUNDUP	Número Decimales	Numérico Numérico	Matemáticas y trigonométricas	Excel 2003
REDONDEAR. MENOS ROUNDDOWN	Número Decimales	Numérico Numérico	Matemáticas y trigonométricas	Excel 2003
REEMPLAZAR REPLACE	Texto_original Núm_inicial Núm_caracteres Texto_nuevo	General Numérico Numérico General	Texto	Excel 2003
RESIDUO (RESTO) MOD	Número Núm_divisor	Numérico Numérico	Matemáticas y trigonométricas	Excel 2003
SEGUNDO SECOND	Núm_de_serie	Numérico	Fecha y hora	Excel 2003
SI IF	Prueba lógica Valor verdadero Valor falso	Criterio General General	Lógicas	Excel 2003
SI.CONJUNTO IFS	Pruebas lógicas Valores si verdadero	Numérico General	Lógicas	Excel 2019
SI.ERROR (SIERROR) IFERROR	Argumento Valor si error	General General	Lógicas	Excel 2007
SIFECHA DATEIF	Fecha_inicial Fecha_final Unidad	Numérico Numérico "D", "M" o "Y"	-	Excel 2003
SUBTOTALES SUBTOTAL	Núm_función [Ref$_n$]	Numérico General	Matemáticas y trigonométricas	Excel 2003
SUMA SUM	[número$_n$]	Numérico	Matemáticas y trigonométricas	Excel 2003
SUMAR.SI SUMIF	Rango Criterio [Rango_ suma]	Rango Criterio Rango	Matemáticas y trigonométricas	Excel 2003

SUMAR.SI. CONJUNTO SUMIFS	Rango_suma [Rango_criterio$_n$] [Criterio$_n$]	Rango Rango Criterio	Matemáticas y trigonométricas	Excel 2007
SUSTITUIR SUBSTITUTE	Texto Texto_original Texto_nuevo [Núm_de_ repeticiones]	General General General Numérico	Texto	Excel 2003
TEXTO TEXT	Valor Formato	General *Cap. 2.4.1.*	Texto	Excel 2003
TEXTOANTES TEXTBEFORE	Texto Delimitador [Instance_num] [Match_mode] [Match_end] [If_not_found]	General General Numérico Lógico Lógico General	Texto	Excel 2019
TEXTODESPUÉS TEXTAFTER	Texto Delimitador [Instance_num] [Match_mode] [Match_end] [If_not_found]	General General Numérico Lógico Lógico General	Texto	Excel 2019
TIPO TYPE	Valor	Rango	Información	Excel 2003
TRUNCAR TRUNC	Número [Núm_ decimales]	Numérico Numérico	Matemáticas y trigonométricas	Excel 2003
UNIRCADENAS TEXTJOIN	Delimitador Ignorar celdas vacías [texto$_n$]	Texto Lógico General	Texto	Excel 2019
VERDADERO TRUE	-	-	Lógicas	Excel 2003
XO XOR	Pruebas lógicas	Criterios	Lógicas	Excel 2013
Y AND	Pruebas lógicas	Criterios	Lógicas	Excel 2003

MATERIAL ADICIONAL

El material adicional de este libro puede descargarlo en nuestro portal web: *https://www.ra-ma.es*.

Debe dirigirse a la ficha correspondiente a esta obra, dentro de la ficha encontrará el enlace para poder realizar la descarga.

Cuando descomprima el fichero obtendrá los archivos que complementan al libro para que pueda continuar con su aprendizaje.

INFORMACIÓN ADICIONAL Y GARANTÍA

- ☞ RA-MA EDITORIAL garantiza que estos contenidos han sido someticos a un riguroso control de calidad.

- ☞ Los archivos están libres de virus, para comprobarlo se han utilizado las últimas versiones de los antivirus líderes en el mercado.

- ☞ RA-MA EDITORIAL no se hace responsable de cualquier pérdida, daño o costes provocados por el uso incorrecto del contenido descargable.

- ☞ Este material es gratuito y se distribuye como contenido complementario al libro que ha adquirido, por lo que queda terminantemente prohibida su venta o distribución.

SÍGUENOS EN INSTAGRAM Y ACCEDE GRATIS A NUESTRA BIBLIOTECA DIGITAL DURANTE 30 DÍAS.

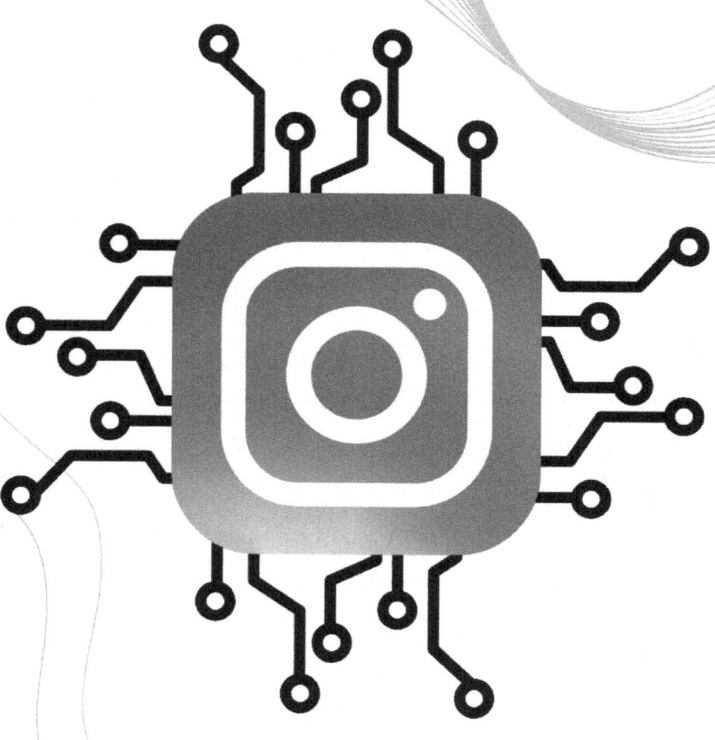

@grupoeditorialrama

¡ENVIANOS TU MAIL POR PRIVADO!

Grupo Editorial
ra-ma

40 ANIVERSARIO